日本を壊した霞が関の弱い人たち

新・官僚の責任

集英社

古賀茂明
KOGA SHIGEAKI

はじめに

2020年9月16日、菅義偉内閣が誕生した。

安倍晋三前総理は数々のスキャンダルで支持率が大きく落ち込んでいたが、辞任表明後は急回復。菅新内閣も7割前後の支持率を得て上々の滑り出しを見せた。突然の総理交代劇により、安倍前内閣の負のイメージは一掃され、「改革」を旗印に掲げる菅新内閣に対して、国民は〝なぜか〟無条件の信頼を寄せているように見える。

そんな状況を見て私の頭に浮かんだ言葉は、「リセット」。

安倍前内閣で問題となった官邸による官僚支配は、「忖度《そんたく》」という言葉に象徴される。森友学園問題で起きた公文書改ざんとこれを強要された職員の自死は、その究極の結果だ。改ざんを強要した財務省幹部は誰ひとり責任を取らないまま、「リセット」されるのか。

新型コロナウイルス感染症の拡大を受けて繰り出された安倍政権の対策はことごとく後手に回り、遅れて出てきた政策も実施段階で混乱と遅延が続いた。そのひとつの象徴が「アベノマスク」だが、これを考案した経済産業省出身の官邸官僚たちは、最後まで表に顔を出すことなく政権中枢から立ち去った。

官僚に起因する問題、あるいは、官僚の「忖度」が生み出したといわれる数々のスキャンダルも、すべて何事もなかったように「リセット」されるのか。

私が経済産業省の現職官僚でありながら、『官僚の責任』（ＰＨＰ新書）を出版したのは11年7月。同書の中で、私は、「政治主導」を標榜して政権に就いた民主党が、実際には財務省を頂点とする霞が関官僚たちの軍門に下り、天下り改革を大きく後退させたことを批判したが、それは民主党による「政治主導」が失敗したということも意味していた。

あれから9年。12年末に誕生した第2次安倍晋三内閣は、政治家と官僚の関係を大きく変えてしまったように見える。政治主導、なかでも「官邸主導」といわれる政治手法は、官邸側の一方的な「官僚支配」を生み、「忖度」によって政治がゆがめられる結果を生んだという疑いも広まった。

菅新政権の誕生でこれらの問題すべてが「リセット」されてしまいそうなのだが、一方で、菅氏は「安倍政治の継承」を宣言している。「(官僚が)反対するのであれば異動してもらう」という発言は、安倍氏の「官僚支配」を受け継ぐという宣言なのかもしれない。

民主党政権の「政治主導」の失敗から安倍内閣の「官邸主導」、そして菅内閣への移行という過程において、官僚と政治の関係はどう変化したのか、また、政権交代を経ても変わらない本質はなんなのか。安倍政権のスキャンダルに必ずといってよいほど、重要なプレイヤーとして登場した「官僚」とはいったいどんな人たちなのか。今井尚哉《たかや》総理補佐官兼秘書官(当時)を筆頭とした「官邸官僚」とはなんなのか。さまざまなスキャンダルや政策の失敗の陰で、官僚は何をして何をしなかったのか。そして、その理由は何か。さらに菅政権では何が起きると予想されるのか。こうした疑問を持つ人が多いのだろう。最近、これらの問題に関して、マスコミから非常に多くの取材依頼が入る。

本書では、こうした疑問にできるだけわかりやすく答えるために、制度論や問題となった事件の事実関係などに焦点を当てるだけではなく、官僚たちの

「人間像」に、より光を当てる形で解説を試みた。それは、マスコミの取材や私が主催しているネットサロンなどでの対話を通じて、生身の人間である官僚の生い立ちや心理状態などの側面に焦点を当てた話をすると、「そういう視点で見たことはなかった」「官僚の人間的な側面がわかって彼らの行動が理解しやすくなった」という反応が来ることが多かったからだ。もちろん、そうした話のほうが読者にとっても「面白く」読めるということも期待している。

３００ページを超える「官僚論」と聞いただけで、多くの人は敬遠するかもしれないが、そういう方は、目次の中から面白そうだと思ったところから読み始めていただきたい。例えば、第５章の森友学園問題をめぐる官僚の会話のページなどがおすすめだ。彼らの生態をもっと知りたいという好奇心が湧いてくると思う。

今、私たちは、20年1月に突如として日本を襲った新型コロナウイルス感染症と戦っている。いつ終息するか定かではないこの大禍は、日本社会を根底から揺さぶる「未曽有の危機」だ。しかも、コロナ禍を克服できたとしても「ポストコロナ」の時代に私たちを待ち受ける世界の変化は、凡人の「想像を超える」ものになるといわれる。

ところが、過去の歴史を見ると、日本の官僚は、「未曽有の危機」「想像を超える変化」にめっぽう弱いというのが実態だ。そうだとすれば、危機を乗り切り変化に対応するために新たな政策を提案する役割を担う官僚が、これまでと変わらなければ、アフターコロナ時代の変化に日本の国家が適応し、生き残っていくのは至難の業ということになる。

そう考えると、この混乱期だからこそ、新たな官僚論をまとめて、世に問うことには大きな意義があると思う。

最後にひとつ、触れておきたいことがある。

森友学園問題で公文書の改ざんを強要され、後に自殺された元財務省近畿財務局職員の赤木俊夫さん。本書執筆中にその手記が公表された。それを読んで、私の心はブルブルと打ち震えた。

（赤木さんは）、同じマンションの方に「私の雇用主は日本国民なんですよ。その日本国民のために仕事ができる国家公務員に誇りを持っています」と話していたそうだ（『私は真実が知りたい』赤木雅子+相澤冬樹〈文藝春秋〉28ページ）。これこそ、私たちが求める真の公務員像ではないか。

しかし、公務員の鑑といってもよい赤木俊夫さんが、同じ公務員である財務官僚と検察官僚によって、事実上「殺された」(そう考える理由は第5章)。

そして、公務員を指揮監督する政府のトップにあった安倍前総理も麻生太郎財務相も財務省の佐川宣寿《のぶひさ》理財局長(当時)も、不正に関わったほかの官僚たちも、見て見ぬふりをしたまま、無罪放免だ。さらに、遺された妻、赤木雅子さんが、「真実を知りたい」と声を上げても、菅新総理は一刀両断に再調査を拒否してしまった。

なんと理不尽なことか。

本文で述べるとおり、赤木さんの件は、決して突然降って湧いた災難ではない。起こるべくして起きたことだ。

だとすれば、第二、第三の赤木さんが生まれてもおかしくない。なぜなら、こうした理不尽なことが起きる仕組みも、それを操る権力者たちもまったく変わらないまま存在し続けるからだ。

赤木俊夫さんの命をかけた告発、そして雅子さんの、これもまた「命がけ」の訴えに報いるためにも、読者の皆さんが、赤木さんご夫妻の気持ちに思いを馳せながら本書を読み進めていただけたら。

それが、私の切なる願いである。

目次 contents

第5章　森友と加計　忖度への報酬と、その犠牲者　157

第6章　官僚とマスコミ　官僚に使われる記者クラブのサラリーマンたち　191

第1章

コロナと官僚

失敗だらけだった安倍政権のコロナ対策

２０２０年1月15日、日本で初めての新型コロナウイルス感染者が確認された。中国人男性と聞いた多くの日本人はさほど大きな関心を持たず、安倍晋三前総理もそのひとりだった。中国湖北省武漢市当局が正式に「原因不明の肺炎患者27名」を確認した19年12月31日から半月後のことだったが、1月20日には、中国政府の専門家グループが人から人への感染を認め、習近平国家主席も「断固として抑え込め」と指示を出していた。

その前後から、ドイツ、韓国、台湾、ベトナムなどは、直ちに臨戦態勢に入り、検査体制の整備、医療用具の確保、軽症者隔離施設の設置、ＩＴを駆使した追跡システム整備と徹底的なクラスター対策などを矢継ぎ早に実施していく。

日本では、中国・武漢からのチャーター便での帰国者に感染者が出たものの所詮は、「中国の疫病」だという意識が強く政府の対応は極めて鈍かった。

その後、20年8月に至るまで、安倍政権は新型コロナウイルス対策で、やることなすことすべてが後手に回ったり、場当たり的な対応がことごとく裏目に出たりで、政権の支持率にも大きな影響を与えるようになった。

思いつくままに挙げるだけでも、チャーター便帰国者の一部を検査もせず帰宅させたり、ダイヤモンド・プリンセス号の隔離対策の不備で船内感染を拡大させ世界の批判を浴びたり、中国などからの入国制限が大幅に遅れたり、突然前触れもなく安倍氏が休校要請して社会が大混乱に陥ったり、店頭から消えたマスクの大量生産を約束してから2ヵ月たってもマスク不足が深刻で一般消費者はもちろん医療・介護従事者にも行き渡らなかったり、PCR検査の拡大を約束してから4ヵ月たっても人口当たりの検査数が世界150位程度で低迷していたり、感染拡大で社会が大揺れのなか「聖火リレーのスタートに立ち会いたい」と安倍氏が述べて顰蹙《ひんしゅく》を買ったり、マスク不足が解消できずに追い込まれて打ち出したマスク2枚全世帯配布（アベノマスク）が大炎上したり、届いたマスクが異物混入などで回収を余儀なくされたり、マスクの発注に疑惑ありと国会で追及されたり、緊急事態宣言の遅れを小池百合子東京都知事などに批判されてから追い詰められて発出したり、休業要請するのに補償はしないとかたくなに言い張って批判されたり、給料支払いへの支援を行なう雇用調整助成金を拡充するとしながら手続きが煩雑で支給が遅れたり、本予算を2月、3月と審議しながら通った予算にコロナ対策費が1円も入っていなかったり、閣議決定した補正予算案の目玉・30万円給付金限定配布が公明党の山口那津男代表らの横やりで補正予算案修正に追い込まれて一律10万円給付に変わったり、国民の多くが生きるか死ぬかの状況で闘っているさなかに「自宅でお茶」の動画を流して大炎上したり、必要な法改正は行なわないのに緊急事態条項が必要だとコロナ騒ぎを憲法改正の口実に使おうとしていると批判されたり、出口戦略の判断基準となる数値目標を明らかにしないことを吉村洋文大阪府知事に批判されたり、世界が大量の抗体検査を実施しているのに、日本だけ大幅に出遅れたり、持続化給付金給付で不透明なトンネル団体を使った電通丸投げで疑惑を指摘されたり、感染第2波が押し寄せるなかで「Go To トラベル」キャンペーンを始めたり、西村康稔《やすとし》経済財政担当相が帰省に慎重な姿勢を示したと思ったら菅義偉《すがよしひで》前官房長官（現総理）がそれを否定したり……。

とにかく失態続きだった。これまでいくつもの致命的スキャンダルで窮地に立ちながら、官邸官僚たちの「活躍」もあって、そのたびに危機を回避してきたのに、どうしてこんなことになったのか？　安倍氏に最も強い影響力を持つといわれた今井尚哉総理補佐官兼秘書官（現在は内閣官房参与）らは、なぜこれだけの失態を放置し、また時に自ら演じてしまったのか？

ある自民党の重鎮は、4月下旬に私とのメールのやりとりの中でこう語った。「最近の官邸の意思決定システムの変調ぶりには驚きます」。

本章では、安倍政権の「変調」の原因はなんだったのか、そしてその背景に何があったのかについて考察してみたい。そこには新しい官僚論のヒントがたくさん隠されている。

「官邸主導」と「官僚主導」のハイブリッド

安倍政権は政治主導、そして、その中でも特に「官邸主導」だといわれる。政治主導といっても、総理を中心に与党が主導することもあるし、与党は完全に従たる存在に回り、総理と官邸が中心になる場合があるが、安倍政権は明らかに「官邸主導」である。一方、官邸主導を含む政治主導に対する概念として「官僚主導」がある。

その視点から見ると、安倍政権では、総理（官邸）が完全に官僚を支配下に置き、官僚は総理の指示に絶対服従で、指示がなくてもすべて総理の意向を忖度《そんたく》して行動するといわれてきた。しかし、第3章で詳しく述べるが、私の見方はかなり違う。安倍政権の政治は「官邸主導」と「官僚主導」の「ハイブリッド主導型」政権だった。両者の区分は、総理の関心事項か否かによって決まる。

官邸主導が貫かれる分野は、総理が強い関心を持つ安全保障、一部の外交案件、憲法改正、東京オリンピック・パラリンピック、いわゆるアベ友案件、安倍氏自身に絡むスキャンダルなどだ。これらの案件については、官僚が抵抗してもそれを蹴散らして官邸主導で物事が進められる。時に法律に反しても、さらには憲法違反でも、政権に与えられた権力をフル稼働させてごり押しされることもある。官僚もその傾向を学習し、対策として安倍氏の関心がある案件については、とにかく官邸の意向に沿って動くようになった。

受験勉強で培った彼らの生き方は「傾向と対策」が支えとなっているので、意外なほどその意識は浸透している。

さまざまな「安倍案件」での強引な政権運営が非常に印象的だったので、人々は、安倍政治は「官邸主導」の政治だというのだろう。

しかし安倍案件は、国政全体の中で見れば極めて限られている。では、それ以外の行政はどう執行されているかというと、これが驚くほどの官僚丸投げである。究極の「官僚主導」といってよいだろう。各省庁が日々行なうルーティンワークやさまざまな予算の執行、法律の改正などは、ほぼ官僚に丸投げされているのだ。

ただ、官僚に丸投げという場合でも政治がまったく関与しないわけではない。多くの場合は、役所とその所管業界と癒着したいわゆる族議員が利権をむさぼるために政策に関与している。

安倍政権の特色は、こうした分野について日頃からほとんど関心を持たず、従って、それぞれの政策分野についての定見もなければ、自ら勉強する姿勢も持たないことだ。周辺に真に有能なブレーンもいない。

安倍氏を支える官僚の中でも断トツの影響力を誇るのが今井秘書官だった。彼とは経済産業省でいろいろな仕事で付き合ったが、はっきり言って、政策立案能力は実はかなり低い。科学的思考能力がなく、勢いだけで政策をつくるタイプだ。そういう人たちが、総理の威光を利用して権力を無制限に振りかざすため、官僚やマスコミ、さらには政治家でさえ彼らを恐れていたのだが、いくら威張っても政策づくりの知恵やセンスの助けになるわけではない。

結論からいうと、今回のコロナ対策は少なくともその初期段階では総理の関心事項、「安倍案件」ではなかった。

では、どうしてこんな大事なことが「安倍案件」にならなかったのだろうか。

習近平ファーストで「外交の安倍」ブランドを守ろうとした

安倍氏の関心事項のひとつは外交だった。外交といっても、すべてではない。安定した政権支持率の基盤となる、「外交の安倍」というイメージを守るために、大国と渡り合う強力なリーダーを演じることができる舞台にことのほか総理は執心した。それは政権支持率を維持するという目的とともに、自らが米中露という世界の大国のリーダーと肩を並べて世界に影響力を行使したいという安倍氏の野望にとっても重要なことだった（拙著『国家の暴走　安倍政権の世論操作術』〈角川ｏｎｅテーマ21〉参照）。

しかし、官邸が腐心する「外交の安倍」というイメージとは裏腹に、安倍外交はほとんど成果を上げられなかった。

蜜月ぶりをアピールしてきた「盟友」ドナルド・トランプ米大統領との間で合意した日米貿易協定では、アメリカ側の言い分をほぼ丸のみして農産品の関税をＴＰＰ（環太平洋経済連携協定）並みの水準まで引き下げたのに、肝心の日本車に対するアメリカの関税撤廃にはゼロ回答で完敗に終わってしまった。

ロシアのウラジーミル・プーチン大統領の元へも頻繁に出向いて関係改善を図り、共同経済事業でロシアに対して大盤振る舞いしてきたのに、北方領土問題解決はほぼ振り出しに戻って、任期中の解決と平和条約締結という夢は完全に断たれてしまった。「ウラジーミル、君と僕は同じ未来を見ている」という、しらじらしい安倍氏の恥ずかしげもない親しさの押し売りも、今となっては、惨めな思い出に変わり果てた。

韓国との関係も最悪だ。上から目線で強硬姿勢を貫くだけで、ついには政経分離の大原則を破って、徴用工問題への事実上の報復として繰り出した韓国向け重要部品・材料の輸出規制では、むしろ日本の輸出企業への打撃が大きく、韓国消費者の不買運動やインバウンドの激減などでまったく無関係な企業や地方経済にも打撃を与えてしまったままだ。それでも、いまさら撤回するわけにもいかず、身動きが取れない。

安倍氏自身がライフワークと位置づけ、常に最重点課題に挙げていた北朝鮮の拉致被害者問題の解決も、主要6ヵ国の中で最後まで強硬路線にこだわり、気づいてみれば金正恩《キムジョンウン》朝鮮労働党委員長と米韓露中首脳が直接対話を進めるなかで、日本だけが相手にされないという状況だ。「私自身が金正恩委員長と向き合う」という言葉を何年も言い続け、最後はなんの条件もつけないから会ってくれというところまで譲歩したものの、それもまったく効果がない。横田滋さんも、娘・めぐみさんの帰国の夢を果たすことなく無念の思いのまま亡くなった。

そんななかで、最後の望みとなったのが中国だった。安倍氏を支持する嫌中の右翼層がいやがるため、中国との関係改善は最後の手段だったが、もはや選り好みする余裕はなく、ウイグル族への人権侵害、香港弾圧、そのほかの国内人権問題に加え、一帯一路の債務の罠問題などで世界中の評判が悪くなった中国相手に、ついに関係改善に乗り出すことにした。

その象徴として、20年4月に習近平国家主席を国賓として日本に招待し、天皇陛下と「握手」させる計画を立てた。これに失敗すれば、来年秋の総裁選や衆議院の任期までに上げられる成果はもうない。安倍政権としては、背水の陣で臨む外交課題となったわけだ。

ところが、20年に入ってにわかに大問題となった新型コロナウイルスがよりによって中国・武漢発となったことで、安倍政権のコロナ感染対策は大きな制約を抱えることとなった。

世界中が、中国からの渡航者の全面的な入国規制を実施するなか、日本は武漢を含む湖北省などからの入国制限だけにとどめた。この初動の遅れは、大きな批判を浴びたのだが、安倍外交の唯一の希望を潰すわけにはいかなかったということだ。インバウンド観光客で潤う地方経済に配慮しなければならないという事情もこの姿勢を強める一因となった。

しかし、中国と日本双方での感染蔓延《まんえん》により、習近平主席の訪日は無期延期とせざるをえなくなった。これで、中国で外交得点を稼ぐという安倍氏の夢は完全に潰《つい》えてしまったのだ。

ちなみに、中国全土からの入国制限を打ち出したのは、習近平主席訪日延期を発表した3月5日。訪日延期決定発表のわずか3時間後だった。コロナよりも習近平主席のメンツを優先したことが見え見え。あまりにもわかりやすい行動ではないか。

「五輪ファースト」で夢を追った安倍前総理

安倍氏にとって、習近平主席の来日と並んで重要な課題が20年夏の東京五輪の開催だった。国内経済が19年10月の消費税増税の影響もあって明らかに下降傾向にあり、外交でも大きな得点は期待できない。任期中の憲法改正も事実上無理で、このままでは求心力は落ちる一方だ。

そんななか、20年夏の五輪は、唯一確実に点数稼ぎができるイベントだった。一過性のものではあるが、大規模テロなど不測の事態が起きない限り、五輪フィーバーは確実に国民の心を明るくし、お祭り騒ぎの直後は政権への支持率が上がる。その直後に衆議院解散・総選挙を行なえば、勝利する可能性は極めて高い。

そこで勝利すれば、21年の自民党総裁選での4選への道も開けるし、4選を狙わなくても、4選の声が上がるなかで余力を持って退けば、後継総裁選びで最も強い影響力を行使できる。その後は、キングメーカーとして、できれば院政に近い構図をつくり、後任者に憲法改正などにまじめに取り組ませるという道も開ける。

場合によっては、解散・総選挙をしないで意中の岸田文雄政調会長に禅譲して、岸田氏の手で選挙を行なうという選択肢もあり、いずれにしても安倍氏の立場は非常に強いものとなる。

そういう計算からいえば、五輪実施はマストだと官邸が考えていたのはある意味当然だろう。

ところが、コロナ禍が世界に拡大し始め、20年夏の開催がにわかに難しくなると、今度は、「五輪1年延期」が官邸にとって絶対的優先課題になった。今年開催できないのであれば、日本で感染が拡大するかしないかは大した問題ではない。コロナ対策に力を注ぐより、とにかく五輪1年延期に懸けようと、官邸はほぼそれだけにエネルギーを集中し始める。

これにより、2月〜3月中旬の段階では、コロナ対策で思い切った措置を取るという選択肢はほぼなくなった。

こうした官邸の空気は、全省庁にすぐに伝播《でんぱ》する。各省庁は、国会での予算案審議を除いて、新たな創意工夫でコロナ対策を考えようという雰囲気などなくなり、従来の行政の枠組みのなかでできることを考えるというパターンに入ってしまった。

その間、官邸では、トーマス・バッハＩＯＣ（国際オリンピック委員会）会長や国際陸連、国際水連幹部などに働きかけていたはずだ。これらの大きな組織を動かすためにはそのキーパーソンの動きを制する必要がある。東京誘致決定のために竹田恒和《つねかず》前ＪＯＣ（日本オリンピック委員会）会長による買収疑惑などもあったが、それと似たようなロビーイングなども行なわれたかもしれない。とにかく安倍政権は、東京五輪の1年延期を勝ち取ることに成功した。

安倍政権にとって五輪中止は最悪だった。中止が決定すれば、政権の浮揚策はほぼ皆無となり、それは誰の目にも明白になる。そうなれば支持率も下がり、すぐに来年秋の総裁選に向けた政局が始まる。安倍氏が来年秋までその座にとどまることができるかさえ危なくなる可能性も出てきていただろう（結果的には今年9月に辞任してしまったが）。

では、延期はどうか。同じ延期でも1年と2年では雲泥の差がある。コロナ終息には1年では短すぎるという声が強いなか、確実な実施をと思えば2年延期のほうが安全だ。しかし、それだと総理の任期終了後になり、安倍政権から見ると中止と同じく選択肢にはなりえなかった。

そこで1年延期が至上命題となったのだ。1年延期なら、来年秋の総裁選は五輪直後となり、それと前後して衆議院選挙という選択肢も視野に入る。五輪を20年夏に実施できなくても、21年夏なら決して悪くはなかったのだ。

いずれにしても、官邸が狙ったとおり、1年延期を勝ち取ることができたのは、おそらく安倍政権最後の大ヒットといってもよい出来事だ。

しかし、その代償は、実は非常に大きなものになっていたことに、安倍氏はすぐに気づくことになった。

小池都知事の「五輪ファースト」

五輪に賭けた政治家として忘れてはならないのが、小池百合子東京都知事だ。ただし、安倍氏とまったく同じ立場には立ちえなかった。

小池知事は20年7月30日が任期末で、再選のためには、6月18日告示、7月5日投開票の都知事選挙に勝たなければならなかった。五輪の開会式は7月24日だから、小池知事が選挙に負ければ、任期末の7月末の都知事交代は、五輪開催中ということになる。

普通の都民に、五輪開催中に都知事を交代させるのは適切ですかと聞けば、よほど小池知事が嫌いだという人でなければ、即座に「それはありえない」と答えただろう。小池知事の選挙戦略は五輪実施さえあれば何もしなくても勝利確実というものだった。

ただ、仮に延期となれば1年でも2年でもあまり変わりはない。どちらの場合も、「五輪だから交代は不適切」という理屈は使えなくなるからだ。従って、小池都知事はおそらく最後まで延期ではなく今夏実施を望んでいたと思われる。

しかし、客観情勢として今夏は無理だとなると、次善の策を考えなければならない。1年延期と2年延期に決定的な違いはないかもしれないが、1年のほうがもうすぐ五輪という雰囲気は残り、なんとなく継続性を主張しやすいようにも思える。少なくとも1年より2年のほうがよいという理屈はないということで、おそらく安倍氏とも最後は共同歩調を取ることになったのだろう。一方で、小池知事にとって延期は選挙戦略上は極めて厳しい。そこで、延期の方向に内々舵《かじ》を切るあたりから、新たな選挙戦略への切り替えを同時並行して進めていたはずだ。「必要は発明の母」とはよく言ったものだ。五輪延期の元凶となったコロナだが、小池知事は逆転の発想でこれを自分の再選戦略に使う作戦に出た。危機対応では通常、政治リーダーの株が上がる。それを狙う作戦だ。

ただし、小池知事にはハンディキャップがあった。五輪最優先でコロナ対策をまじめにやっていなかったために、大阪府や神奈川県などに一歩どころかかなりの後れを取っていたのだ。医療体制はその現状把握さえできていなかったし、感染拡大するなかで軽症者用の施設の確保もまったく進まずベッドが足りないために、感染者が判明すると困る保健所や病院側がやむをえずPCR検査を抑制するという本末転倒の対応を余儀なくされていた。3月上旬には、東京都で4つしかない高度救命救急センターのひとつ、都立墨東病院でマスクがないという悲鳴が上がっていたが、これにもまったく対応せず、後に大量院内感染が出て、重要な医療拠点を失うという大失態も起きていた。

一歩間違えば大バッシングになる状況で彼女が考えたのが、安倍政権を徹底的に貶《おとし》めて自分が浮上する作戦だった。その上で、コロナ対策に奮闘する小池都知事というイメージ戦略を徹底し、6月18日の告示に向けて、「コロナ対策で修羅場を迎えているさなかに知事を代えるのか！」という雰囲気を拡大していくのだ。

コロナ対策が後手に回ったのは安倍政権も同じ。だから攻撃もしやすい。

五輪延期が決まると、連日ぶら下がりの記者会見でテレビに露出。さらには、政府に緊急事態宣言を出すように促すパフォーマンスを見せたり、テレビのニュース番組をはしごしたり、さらには、都の予算を大量に使って自らが露出するCMを流させたり、官僚から見れば、これは、明らかな法律違反の事前運動だろうと躊躇《ちゅうちょ》するようなことを平気で行なっていった。

これに対して、安倍政権側は戦う準備ができないまま、いいように小池知事の浮上作戦に利用され尽くしたという印象だ。小池知事の人気が高まるのと反比例して、安倍氏の評判が落ちるという構図があらゆるところで定着していった。

緊急事態宣言が遅いと小池知事が促し、安倍氏がそれに従ったかのように決断するという構図。小池知事が求めた休業要請の対象が安倍政権の利権のために狭められたという図式。宣言の延長も小池知事が先に求めたという形をつくる。「37・5℃以上の発熱が4日連続」というPCR検査の目安削除についても、東京都ではPCR検査が大阪府などに比べて圧倒的に遅れていたことの理由として、厚労省の目安で妨げられていたかのように印象操作するなど、その手際の良さは気持ちが悪くなるほどだ。

しかし、これは驚く話ではない。もともと小池知事はテレビキャスター出身で、見栄えと印象で勝負するのは得意中の得意。霞が関の官僚なら誰でも知っているが、彼女は政策通でもなんでもない。〝パフォーマンスだけの政治家〟として軽んじられていた。

まさに、一連の言動もただのパフォーマンスと呼ぶにふさわしいではないか。

ちなみに、今回のコロナ騒動で小池知事にも増して評価を上げたのが吉村洋文《ひろふみ》大阪府知事だ。橋下徹元大阪市長と組んで露出を高め、これまた安倍政権のチョンボを利用して急浮上した。エースのいない日本維新の会の陣営にとって、今後の切り札になる存在感を見せている。

当初私は、維新は橋下氏を後ろ盾に来年の都議選で大勝利を収めて勢いに乗るであろう小池知事との連携で国政に進出、合流前の立憲民主党などをしのいで野党第1党となる展開も視野に入ってきたとみていた。維新と都民ファースト、いや、国民ファースト連合の成立だ。

しかし、都知事選で無名の新人候補だった無所属の小野泰輔氏を応援し、彼が大善戦を見せたことで維新は独自に関東での勢力拡大を図る作戦を固めたようだ。

いずれにしても、攻めの小池、吉村と守りの安倍で完全に明暗が分かれた展開だった。

コロナ対策予算ゼロの悲劇

五輪に集中してコロナ対策が完全に疎《おろそ》かになった安倍政権だが、五輪1年延期が決まってひと息ついたときには新型コロナウイルスの感染は全国に広がり、緊急事態宣言は出していなかったものの、外出自粛を要請した効果で観光業や飲食店などを中心に経済被害は深く広がっていた。また中国はじめアメリカや欧州の経済も落ち込み、その影響は日本の製造業などにも確実に波及した。リモートワーク関連のITサービス業やネット通販関連の事業などを除き、ほぼ経済の全分野で急速なブレーキがかかる状態だ。

非正規雇用には直ちに影響が及び、アルバイトに頼る大学生なども追い詰められていく。

どんなに鈍感な人間でも、未曽有の大不況の足音を感じることができた。もちろん、官僚の多くも緊急対策の必要性を認識していたと思われる。

しかし、2月~3月にかけては、20年度の当初予算案が国会で審議中だった。20年度予算案は、19年8月末に各省庁が財務省に要求を出し、12月下旬までに査定されて作られたものだ。従って、その中に新型コロナウイルス対策費は1円も入っていなかった。コロナ騒ぎは翌20年1月に始まったのだから当然のことだ。

とはいっても、国会で審議中に新型コロナウイルス対策費が必要だということになれば、予算案を修正して、対策の予算をこれに含めることは自由だ。

特に今回の場合は、予算案提出後の事情変更だから、決して安倍政権の不手際というわけではない。野党がへたにその修正に反対すれば、逆に、国難の時期に大事な予算を政局に利用するのかと批判されるだろう。

本来なら安倍氏が2月の早い段階で、予算案の修正を各省庁に指示し、トップダウンで緊急対策を含んだ予算案に修正すればよかった。そうすれば、例えば10万円の一律給付も、3月末までには予算案の中に含まれて成立し、4月からすぐに給付実行に入れたはずだ。

しかし、霞が関には不文律がある。それは、本予算の国会審議中には、予算案に足りない部分があるということは、絶対に口に出してはいけないというルールだ。なぜなら、ひとたび予算の不備を認めれば、野党側から際限なく修正の要求が入り、予算成立を人質に取られて、予算やそのほかのことでもよけいな譲歩を迫られる恐れがあるからだ。

そんなことで予算の年度内成立に影響を与えたら、当然、責任問題になる。従って、みんながわかっていても、決して役人が自ら予算修正の音頭を取ることはない。しかも今回は、安倍氏の頭の中は習近平主席と五輪でいっぱい。そんななかで、総理に予算案修正を進言するなどリスクが大きすぎる。

そこで、安倍忖度で思考停止に陥っている官僚たちは、「補正でやればいいや」と、様子見を決め込んだ。

とはいっても、何もしないわけではない。このままでは済まないとわかっているから、官邸にも内々に断った上で、財務省が中心となって4月以降の補正予算案の準備は進めるのだが、トップダウンで具体的な指示が出ていないから、基本は各省庁が持つ既存の制度の枠組みのなかで、しかも財務省の財政規律重視という制約の範囲内で、粛々と案が練られていたのである。

その結果、新型コロナウイルスの感染が拡大し、全国が大混乱に陥るなかで3月27日に成立した20年度予算には、コロナ対策予算が予備費を除き1円も含まれていないという、国民から見たらとても理解できないことが本当に起こったのだ。

新聞の見出しには、「20年度予算成立　102兆円　過去最大」という文字とともに、「補正編成本格化」というなんとも馬鹿げた文字も大きく躍ることになった。諸外国から見れば、実に奇妙な光景だったに違いない。

初動ミスの原因は「日の丸信仰」？

それにしても、これほど見事なまでにミスが続いたのはなぜだろうか。

私は、その根底に「日の丸信仰」があったのではないかとみている。

まず、中国での感染が報告されたとき、安倍政権は「中国は偉そうなことを言っているが、所詮遅れた国。医療体制も社会保障も未整備だから悲惨なことが起きた。日本ではあんな医療崩壊が起きるはずがない」と考えたのだろう。

従って、中国との間で情報共有を試みたり、感染防止策で早期の協力体制を構築するなどということはなかった。ドイツをはじめとする欧州諸国が、専門家チームを中国に派遣したり、中国の専門家チームを受け入れて、熱心に中国の経験と教訓を参考に対策に反映させていたのとは対照的だ。

さらに、中国に続き感染が拡大した韓国についても、やはり安倍政権はバカにしていた。19年に徴用工問題で韓国に対して輸出規制などで脅しをかけたのに、予想に反して屈する姿勢を見せないことにいら立ちを募らせていた政府としては、その韓国が感染拡大に苦しむ姿をことさら強調して国民に見せることができるとあって、それを歓迎する空気さえあったようだ。

この中韓をバカにする前提には、「日本はすごい」という〝信仰〟がある。

――日本の科学技術は世界最高だ。中韓など足元にも及ばない。医薬の分野でも、iPS細胞の山中伸弥教授など、毎年のようにノーベル賞を受賞するが、中韓にはまったくいない。日本人はきれい好きで、ウォシュレットも普及しているし、民度もすごく高い。手洗いもよくするし、マスクもする。社会保障システムも優れている。そんな民族は日本人以外にない。だからSARSや新型インフルエンザ流行の時も日本の感染者は異常なくらい少なかったのだ――この「日の丸信仰」とでもいうべき風潮は、日本政府内で非常に根強い。1980年代の「ジャパン・アズ・ナンバーワン」といわれた過去の栄光を依然として引きずっているのだ。

しかし、現実はどうかというと、科学技術の最先端分野の多くで中国が日本をはるかに上回っている。韓国も分野によっては日本の上をいくし、今回のコロナ対策ではその対応の素晴らしさが世界で称賛されている。ドライブスルー・ウォークスルーのPCR検査、無症状者・軽症者用宿泊施設の全国展開、スマホ位置情報やクレジットカード情報まで使った徹底的な感染経路調査などは、その後、各国の模範となって政策が採用されている。

本来であれば、創造性はなくとも、パクリの天才である日本の官僚たちは、これら諸国のまねをすることができたはずだ。中韓だけでなく台湾についても同じことがいえる。

中国や韓国の教えを請うことができない背景として、安倍政権の岩盤支持層である右翼層への配慮があることも指摘しておかなければならない。

彼らへの手前、中韓両国が優れていることを前提とした政策を採用するのは非常にハードルが高いのだ。

「日の丸信仰」と「右翼層への忖度」で初動が遅れ、その後も挽回のチャンスをことごとく逃した安倍政権。唯一誇っていた、「死者数が少ない」という「自慢」も、5月10日前後には、

10万人当たりの死者数で韓国を上回り、その後は、どんどん差が広がっていった。

それでも日本はかたくなに韓国との協力を拒み続けた

5月初め、韓国はマスク供給に余裕が出てきたため、海外支援を始めたが、支援を要請した国が世界で70数ヵ国あったのに、そこに日本の名前はなかった。また、検査キットについても、韓国は米国トランプ大統領から文在寅《ムンジェイン》大統領への依頼に応じて60万個をアメリカに供給した。韓国政府は、日本からも要請があれば出すとしていたが、政府は韓国から正式な話がないと、突っぱねたままだった。

メンツだけの問題ならまだよいのだが、国内の医療現場ではマスクや検査試薬などの不足が叫ばれているさなか、安倍氏のメンツのために現場を犠牲にしていたのだから、ほとんど犯罪行為ではないか。助けられる命が失われ、感染する必要のない医療従事者が感染し、現場をさらなる苦境に追いやる、この政府の態度は決して許されるものではない。

医師からの警告「政府は俺たちを見限ったぞ!」

3月下旬、都内で開業している呼吸器科の医師から電話をもらった。新型コロナウイルス対策についてアドバイスをもらおうと思っていたところだったので、早速質問しようとすると、彼は強い口調でいきなり、「古賀、絶対に外に出るなよ」と言う。

「やっぱり、危ないか」と私が答えると、「コロナにやられたら終わりだと思え」と続ける。もう何週間も前から、コロナの疑いがある患者のPCR検査を依頼しても保健所にすべて断られているというのだ。そもそも電話がつながらず諦めることも多かったそうだ。救急車を呼んでもダメで、搬送先が決まるまでに数時間以上かかることもよくあったという。事実上の医療崩壊だ。

「だから、とにかく、感染したらダメだ。俺たち国民を見限ったんだ、日本の政府は」と彼は、結論づけた。「医療崩壊が起きている」というのは禁句らしく、政府も専門家たちも、「ギリギリの状態」「今が正念場」「なんとか持ちこたえている」という言葉遊びで取り繕っていたが、現場の医師や看護師などからは悲痛な叫びが続いていたのだ。

その象徴のひとつが、都立墨東病院の院内感染だ。この病院は、東京都にある26の救急救命センターのひとつだが、そのなかでも特に重症患者を扱うわずか4ヵ所の「高度救急救命センター」のひとつでもある。この病院では、3月上旬からマスクや防護服などが不足し、患者と職員合わせて43名もの陽性者が出た（7月20日時点）。このため、外来患者の診療を停止しただけでなく、救急救命センター機能まで停止せざるをえなくなった。この結果、東京都の墨田・江東・江戸川3区の住民は、コロナ以外の脳梗塞、心筋梗塞、交通事故などの緊急時、最初から区域外の病院を探さなければならないという事態になってしまった。

これは、実質的には医療崩壊が始まったといってもよい状況だった。世界中で医療従事者などから命がけの直訴ともいえる動画がSNSで発信されるなか、日本もそれに近い状況が始まっていたのだ。

しかし、日本では、医療現場からの発信は極めて限られていた。厚労省や自治体の保健当局の支配が強く、思ったことを言う自由が現場に与えられていないからだ。

入院患者に対してさえ、病状や治療の状況についての発信を厳しく制限する例もあった。私がよく知る有名タレントも、入院当初、ラジオなどを通じて病状について報告すると、病院から強く叱られたそうだ。医者や看護師を怒らせるわけにはいかない「患者」という弱い立場にある彼は、私へのメールで、「あまり詳しいことは言えないんですよ。でも、とにかく大変ですよ。絶対にかからないようにしてください」などと言うのが精いっぱいだった。

ただし、例外的な動きもあった。4月9日、日本救急医学会と日本臨床救急医学会が緊急の声明を発表したのだ。この中では「救急医療体制の崩壊をすでに実感している」と危機感を示した。「救急医療崩壊」宣言だから、これは医療崩壊といってよいのだが、その後も「医療崩壊」には陥っていないという報道が続いた。医療崩壊を「招かないよう」に外出を控えてくれという大本営発表だけが繰り返されるばかりだった。

実態はまったく逆で、「医療崩壊が起きているから」これ以上感染しないでくれという状況だったのだ。「軽症者」として自宅隔離していた患者の容体が急変して死亡する事例も増え、全国で行き倒れが後で感染者だったとわかるという例も増えていくが、死亡者へのPCR検査が拒否される例も数多く報告された。しかし、マスコミは決してそれらを大きく扱わなかった。

政府はわれわれを見限っただけではない。われわれをだましているぞ！　という警鐘を鳴らすべきだったのかもしれない。

「アベノマスク」大失敗の理由

5月11日の韓国放送公社（ＫＢＳ）によれば、文在寅大統領はトランプ大統領からの直接の要請に応え、アメリカに２００万枚の医療用マスクを航空便で送った。

一方、日本では、医療や介護の現場などでマスクや防護服などの不足が続いていた。菅官房長官は、2月下旬に、3月には毎月6億枚の供給を確保すると大見得を切った。胸を張ってそう言うのだから、6億枚あればマスクは足りると考えたのであろう。もちろん、読み上げた原稿は、官僚が作ったものだ。

第7章で詳しく述べるが、官僚たちは過去問を問いて生きてきた人たちだ。マスク不足の解消策を考える際も、過去の事例に立ち返る。そこで彼らが参考にしたのが、１９７３年の第１次オイルショック時のトイレットペーパー騒ぎだ。店頭からトイレットペーパーが消えて庶民がパニックに陥ったのだが、そのときにできた買い占め売り惜しみ防止法などを引っ張り出して、なんとか対応しようと考えた。

つまり、マスクがなくなったのは愚かな庶民が不必要に買いだめしたのが最大の原因だと考えたのである。

19年度のマスクの生産量は64億5500万枚だった。月当たりでいえば、約5億3800万枚だ。冬から春はインフルエンザ予防や花粉症対策でマスクの需要が増えるから、おそらく月6億枚くらいは供給されていただろう。つまり、菅官房長官が発言したのは例年どおりに供給するという意味でしかなかったことになる。

マスク不足の原因が仮需であれば、買い占め売り惜しみを防止すれば、時間さえたてば需要は落ち着く。そこに例年の月平均枚数を少し超えるマスクを供給すれば、ほどなく騒ぎは収まるはずだ……官僚たちは机上の計算でそう考えた。

しかし実際には、コロナ禍で今までマスクをしていなかった人までマスクをするようになった。しかも、毎日のように使う。医療や介護現場での使用量も飛躍的に増えた。仮需ではなく、実需が飛躍的に増大したのだ。それに加えて、不安心理で買いだめも発生し仮需も急増した。

実需が飛躍的に増大しているのに菅官房長官が言ったのは例年どおりに供給しますということだけ。しかも、中国からの供給ダウンでその6億枚さえ実現できない。これでは、いつまでたっても不足は解消するわけがない。

しかし、安倍氏は五輪延期問題にかかり切りで、この問題に対する国民の不満の高まりに気づいたのはおそらく五輪延期決定後だろう。

その時、官邸官僚たちの間ではこんな会話がなされたのではないか。


「どうしてマスク不足が解消しないんだ。みんな怒っているぞ」

「いろいろやっているので、もう少し時間をいただければ」

「そんな悠長なこと言ってる場合じゃない。今すぐなんとかしろ」

「わかりました。満点の対策ではないのですが、とりあえず、急場をしのぐ対策はあります」

「なんだ、それは」

「国民は、マスクがなくて困っているので、布製のマスクでもありがたいと思うはずです。それを全世帯に配布するのです」

「そうか。それなら急いで布製マスクを配布する手はずを整えてくれ。総理には私から急いで発表するように言うから」


仮需と実需もわからず、平均値でしかものを見ない官僚たち。そして、前例に倣った対策しか思いつかない想像力のない官僚たちが、苦し紛れに「創造力」を働かせた結果出てきた「迷案」。

それまでの間、菅官房長官は、オウムのように官僚の〝6億枚〟作文を読み続けていた。

しかし、官僚たちはおそらく3月初めにはこれではマスク不足は解消しないと気づいたはずだ。彼らは賢くはないが、それほどの大バカでもない。ただし、間違いを認めることは大嫌いな官僚たちは、そのことを上に報告しなかった。

最後の手段としての布マスク案は、3月上旬から官邸のマスク対策チームの中で温められていたそうだ。結局、安倍氏は追い詰められて、泥船の「布マスク案」に乗るしかなかった。それが、布製マスク2枚全戸配布、「アベノマスク」の大失態へとつながる道だとは安倍氏は夢にも思わなかっただろう。

「アベノマスク」はこう発表するべきだった

安倍氏は、官邸官僚たちが発案した布マスク配布を、20年4月1日の政府対策本部の会合で発表した。日本郵便のシステムを使い、全国すべての世帯に、1住所当たり2枚を感染者の多い都道府県から順次配るというのだ。

マスクが絶対的に不足する状況では、布マスクでもないよりはましだというのは、ひとつの考え方だ。それ自体は、それほど強く批判されるべきものではないだろう。

しかし、実際には、その発表直後から日本中でブーイングの嵐となった。マスク不足解消はもうすぐだと言い続けた挙句、それができないまま、突然発表された1戸当たり2枚の布マスク。聞いた瞬間に、「何それ?」「ここまで待たせて布マスクかよ」と思ってしまうのも無理はない。

ただ、それでも、安倍氏の発表がもう少し国民に寄り添うものであれば、ここまで話はこじれなかったのではないか。

仮に、安倍氏の発表が、「率直に言って、私の見通しが甘かったことを認めます。マスク不足解消は当面困難です。皆さんに期待させてしまったのにそれを実現できていないことについて、心からおわびします」という言葉から始まっていたら、国民の反応はまったく違ったものになったかもしれない。

そして、「私たちの政策の失敗により、マスクがないというご家庭もまだ多いと聞いております。そこで、布マスク2枚を可能な限り早く皆さまにお届けしたいと思います。もちろん、この措置では不十分であることは承知しております。さらに努力を続け、なるべく早期にマスク不足解消に努めますので、なんとか今の状況をしのいでいただくようにお願いします」と率直に国民に謝罪していれば、ここまで酷評されることはなかったはずだ。

しかし、官邸官僚に乗せられた安倍氏は、「布マスク2枚配ってやるぞ! どうだ、恐れ入ったか!」と胸を張ってしまった。安倍氏のどや顔を見た国民が、「ふざけるな。バカにするなよ」と反発したのは当然だ。

リーダーのコミュニケーション能力は、その裏で真摯《しんし》に国民を思う心が伴って、初めて発揮されるのだということがよく示された事例だ。

ただ安倍氏は、この失敗を真摯に反省するのではなくマスコミの伝え方が悪い、などと逆恨みしたのではないかと私はみている。

ちなみに、このマスク配布のための費用は当初総額466億円もの巨額に上るとされ（実際には266億円）、発注の不透明さも国会で追及されるなど、初めからケチがつき、しかも、実際に配布が始まると、ほこり・髪の毛・カビ・虫などの異物混入やガーゼの変色が続出し、配布は一時ストップ。5月中旬になってもほとんど配布できない事態に陥った。

また、全国の医師522人が勤務先での感染防護具の充足状況について答えた民間企業の4月のアンケートで、8割近くが「足りていない」と回答し、3月調査の6割からさらに状況が逼迫《ひっぱく》したと伝えられた。

そして、5月に入ると、民間業者が中国などから調達したマスクが店頭で販売され、しかも、値崩れが始まる。大手ドラッグストアも、徐々に通常販売に戻っていった。

一般家庭からは、「今頃布製マスクもらってもね」「アベノマスクは汚いから使いたくないよね」という冷淡な声が聞こえてきた。

政治家と官僚の二人三脚の大失態として、「アベノマスク」は霞が関でも長く語り継がれることになるだろう。

補正予算は「2軍予算」

五輪延期問題の影響は、20年度第1次補正予算の内容にも如実に表れた。細かいことは省略するが、前述のとおり、20年度の本予算にはコロナ対策費が含まれていなかった。完全な欠陥予算だ。それは官邸も気づいているから、3月から財務省中心に補正予算の案を検討させていた。しかし、政権トップからの具体的指示がないままの補正予算編成がどうなるのか。

官僚だった私にはよくわかるのだが、補正といえば「2軍予算」である。本予算には財政上の厳しい制約がある。国会審議も約2ヵ月に及び、野党からのチェックも入る。従って、事前に財務省の厳しい査定によって、つまらない予算要求は途中で却下されるか額を大幅に削られる。国民から見ればありがたい話だ。

一方、補正予算は、災害対策などなんらかの緊急性があることを前提に組まれるもので、多くの場合、中身もさることながら、規模の大きさが重視される。「緊急」という錦の御旗《みはた》があるので、国会での審議は衆参それぞれの予算委員会で2日程度で終わり、ほとんどチェックが入らない。

今回も外出自粛や4月7日以降の緊急事態宣言で経済へのダメージはリーマン・ショックを上回るという声が上がっていた。3月下旬に五輪ボケからようやく醒《さ》めた安倍氏らには、何か特別の知恵があるわけではない。とりあえず、各省庁には考えうる最大規模の予算を出してみろという指示が出される。

世の中の人は、今井尚哉総理秘書官ら官邸官僚は知恵者がそろっているのに、よい策が作れないのはなぜかと思う人も多いかもしれない。

しかし、官僚時代に一緒に仕事をした経験のある者として、あえて言えば、彼らはパフォーマンス、とりわけ大騒ぎすることにかけては一流かもしれないが、政策立案で本当の想像力があるかというと、残念ながら並の官僚と同じというのが実態だ。

マスコミをだますことにかけては天下一品、この間磨いてきた「虎の威を借る権力行使」の術は芸術的でさえある。しかし、政策立案能力という点では、ほとんど時間がないなか、彼ら「知恵なき子」たちが慌ててかけた大号令は、「史上最高！」「世界一の規模！」という見かけだけのものだった。

こういう号令には慣れている各省庁の官僚が考えたのは、自分たちがやりたいが財務省に必要性を認められずに却下ないし大幅削減された予算の復活だ。もちろん、すべては「新型コロナウイルス対策」の衣装をまとう。霞が関用語では、これを「お化粧」という。財務省もこれを積極的に勧めるのだ。もちろん、族議員たちも各省庁の利権に群がり、これを応援するというしつもの図式だ。

当初、自民党の族議員からフライング気味に出た、和牛券、お魚券などはその典型。さすがに評判が悪すぎて予算にそのまま盛り込まれることはなかったが、出てきた予算案は、まさに縦割り霞が関を象徴するものとなったのである。

〝官僚任せ〟が招いた「10万円一律給付」のグダグダ

縦割りを象徴する予算となった20年度1次補正予算。縦割りの意味は、各省庁が自分の役所に都合のいいように考えて予算を作り、それをホチキスしてひとつの予算にまとめるということだ。

その象徴となったのが、予算配分の大枠だ。この補正の大義名分は、もちろん、新型コロナ感染症対策である。普通に考えれば、感染症対策の中心になる厚労省の医療関連予算が中心になると誰もが思う。

しかし、蓋を開けてみると、それとはまったく異なる構図となっていた。25兆円超の予算規模のうち、後述する10万円一律給付に使う12兆円を含む経済対策に22兆円が割り振られた。厚労省などが実施する感染症拡大防止や医療体制整備の予算は、その10分の1にも満たない1・8兆円。経済対策の中には各省庁の利権拡大予算が大量に紛れ込む結果となった。

もちろん、この構図は後に出された第2次補正でも同じだ。

そうした利権予算の一部が『週刊ポスト』などで暴露されたのでその一部を紹介してみよう。

農水省は、ドローンによる農薬散布、ＡＩ搭載のキャベツ自動収穫機など、「スマート農業」を導入した現場での省力化を実証するプロジェクトに10億円。同省は、さらに、学校や観光地、駅、空港などに花を飾り、来日観光客らに〝花の魅力〟をＰＲする取り組みを支援するために32億円をつぎ込む。来日観光客が来る日はいつになるのかと言われても彼らはまったく意に介さない。国土交通省は「インフラ・物流分野におけるデジタルトランスフォーメーション事業」に177億円を計上したが、内容は、３Ｄデジタルマップの作成（20億円）、道路や河川などの公共工事で使われる熟練技能のビッグデータ化（３億円）などが並び、どこがコロナと関係あるのかさっぱりわからない。文部科学省も国立青少年教育施設の改修事業に12億円計上とハコモノ予算をちゃっかり分捕っている。

こうしたことは実はまったく驚くことではない。東日本大震災のときはさらに派手に行なわれていた。全国各地の税務署の耐震補強工事や、岐阜県のコンタクトレンズメーカーの工場建設など、被災地に関係ない事業に巨額の予算が投じられたことは今でもよく覚えている。

要するに、官僚に丸投げすると、こういう火事場泥棒的な利権あさり予算が必ず蔓延《はびこ》る。それが官僚のＤＮＡだといってもいいだろう。

一方で、飲食店経営者などが強く要望していた家賃補助は、すっぽり抜け落ちた。さらに２次補正でこれを認めた後も、例えば、雇用調整助成金、持続化給付金、家賃補助金などはバラバラの制度で、事業者は面倒な手続きを別々の窓口に申請しなければならないということも起きた。それは、役所の縦割りで、自分たちの権限を他省庁に渡すことはできないという、これまた官僚特有の論理のなせる業である。

特別給付金についても、当初閣議決定された補正予算案では、貧困層に限定して30万円給付とする案にしたのに、公明党などからの横やりで国民全員への一律10万円給付となった。貧困層に限定しようとしたのは、給付総額を少しでも下げたいという財務省の考えだ。政治の論理より、役所の論理が優先されたのだ。ここでも、政治主導でなく官僚任せだったために、閣議決定した予算案を修正して出し直すという大失態につながった。

なぜ「星野源さん便乗動画」は炎上したのか？

4月12日、安倍氏は、星野源さんの動画（20年4月3日投稿）と〝コラボ〟する形で、自宅で犬を抱いたりお茶を飲んだり、テレビかネット番組を楽しんでリラックスする動画をSNSに投稿した。外出自粛を呼びかけるのが本旨であったと思われるこの投稿には、医療従事者への感謝の言葉も記されていた。

しかし、この投稿がなされた時期が最悪で、しかも、内容も国民が求める総理の姿からは程遠いものだった。にもかかわらず、アベノマスクと同じで、国民が今何に困り、政府・安倍氏に何を期待しているのかということにほとんど思いを巡らせないまま、独りよがりの思いつきで実行されてしまったようだ。

つまり、多くの人々が外出自粛要請などで仕事がなくなり明日の生活にも困るなかで、なんの心配もなさそうに家でくつろぐ姿を見せることが、どう受け取られるかということを想像することができなかったのだ。

これもやはり、官邸官僚の発案だといわれているが、共通するのは、そうした欠陥提案を止める判断が安倍氏にはできなかったということだ。

国民に寄り添う「国民ファースト」からは程遠く、人気タレントを自分の人気取りに利用しようという「自分ファースト」の意図が見え見えのパフォーマンスに国民から強烈な批判の声が上がったのは当然だ。

安倍氏は、小学校から大学までエスカレーターで私立の学校で教育を受けた。首相経験者の家系で、何ひとつ不自由なく暮らしてきたことだろう。周囲にも比較的恵まれた学友しかいなかったと思われる。一方、安倍氏を支えた官邸官僚たちのほとんども東大卒のエリートで、社会の中ではエリート中のエリート。いわば特権階級の集団だ。ネット上では、誰もあの動画を止める者はいなかったのかという声があったが、この件は、安倍氏のお友達特権集団には、国民の痛みを受け止める感受性のかけらもないということを露呈させる事件となってしまった。

突然の「一斉休校」要請はアメリカのテレビドラマの影響？

ここまでの話を読んで、ひとつ引っかかることがあるかもしれない。

それは、コロナそっちのけで五輪延期問題に没頭していたはずの安倍氏が、どうして、2月27日に、コロナ対策として小中高校と特別支援学校の一斉休校要請という非常に強い感染防止策を発動したのかということだ。1年延期の合意が成立したのは3月24日だが、2月末といえば、五輪延期のために世界の関係機関への根回しなどに忙殺されていた。コロナのことは後回しというモードの時期だったはずだ。

しかも、あまりに突然のことで、もちろん文科省も大反対、現場は大混乱ということは十分想定されていた。この判断は、安倍氏が今井尚哉総理補佐官兼秘書官の進言を聞いて、安倍氏の側近である萩生田《はぎうだ》光一文科相らの強い反対を押し切ってまで実施された。どうしてこの時期にここまで踏み込んだコロナ対策が実施されたのだろうか。

世評と異なり、実は今井秘書官や安倍氏は新型コロナの感染拡大にかなりの危機感を覚えて真剣に取り組んでいたのであろうか。

結論から言えば、まったくそうではない。そのヒントは、安倍氏が大好きだというアメリカのテレビドラマにある。アメリカのドラマ、なかでも政治ドラマは、とても面白いだけでなく、政治家として非常に参考になるはずだ。近年の日本の政治シーンのなかで、私は今井秘書官らもやはり、そうしたドラマを参考にしているのではないかと感じることが多かった。一斉休校もまさにその例だ。

20年2月といえば、国会で桜を見る会の追及が厳しく続き、さらに、黒川弘務《ひろむ》東京高等検察庁検事長（当時）の「違法」な定年延長の問題で安倍氏が追い詰められていたときである。

このまま叩かれ続ければ、内閣支持率は大きく下がる恐れがあった。桜を見る会の前日に会費5000円で行なわれた「前夜祭」の収支不足分を安倍事務所が補塡していた疑いが濃厚となるなか、検察が動いて前夜祭の会場であるホテル側に事情を聞けば、その真相は簡単にわかる。ちょうどそのタイミングで、これまで安倍政権を守ってくれた黒川氏が定年で退職となるので、それを止めるために、従来の法解釈を変更して黒川氏の定年を延長した。できないはずの禁じ手を使ったのは、いかに安倍氏が追い詰められていたかを示す。しかし、結果的にこのことがさらに国民の疑念を深めることになり、桜問題はさらに盛り上がってしまった。これは政策の問題ではなく、安倍氏本人の進退、すなわち政治家としての生死に直結する問題だった。

アメリカの政治ドラマでは、大統領が政策ではなく個人的スキャンダルで窮地に陥ったとき、わざと非常に大きな議論を呼ぶ政策決定をなんの根回しも行なわないまま発表するという場面がよく登場する。

今回の一斉休校も突然発表された。根回しなしだから、当然反対の声が上がる。今回は教育の問題だけでなく、急に休みになって子供の預け場所がない共働き家庭が非常に困ることは目に見えている。世間は騒然とし、野党はそこを批判するに違いない。

そんなことがわからないほど官邸官僚はバカではない。

ではなぜ、そんな批判を呼ぶことをやるのか。ただでさえ危機に陥っているところに悪材料を追加してどうするのか、と疑問に思うかもしれない。

しかし、この一斉休校の是非は政策論だ。スキャンダルとは違い、議論の余地がある。最初は根回しなしだから、突然言われても、という批判が沸騰したが、次にコロナが蔓延して子供が犠牲になってもよいのかと反論すれば、「新型コロナで子供が重症化する確率は低いから大丈夫」と大きな声で言える者はいない。反対する者には、逆に危機意識が足りないのではないかという批判もありえる。桜問題でほとんど嘘だとわかる言い訳を続けるのに比べれば、はるかに楽な展開だ。

果たせるかな、野党は、安倍氏が大失態を演じたと喜んでこのエサに飛びついた。テレビも子育て世帯の苦境や学校現場の困惑の声を大々的に流す。それを見て、さらに野党が攻勢に出るという「好循環」が始まった。

しかし、気づいていた方もいると思うが、この瞬間から、桜問題の報道は一気に下火になっていった。同じ話には視聴者が飽きてくるのではとテレビ局が心配していたところに新しいテーマが出てきたので、ワイドショーがこれに飛びついた。野党も「桜」で批判を続けると、まだ同じ批判を繰り返すのかと非難されることが心配だったので、喜んで新ネタに乗り換えた。

突然の一斉休校はもちろん政策的には疑問だらけだったが、少なくとも桜問題から国民の目をそらして、安倍氏を「生死の境」から生還させたという意味では大成功だったのである。

つまり、これは、安倍官邸が新型コロナウイルスの感染拡大にまじめに取り組んでいたという話ではまったくないということだ。

議事録は改ざんされる――会議はネット生配信を原則にすべし

政府の新型コロナ対策をめぐっては、さまざまな批判がなされた。批判の多くはもっともだと思うことが多いが、少しピント外れだなと思うことも多い。そのなかのひとつが「新型コロナウイルス感染症対策専門家会議」の議事録問題だ。

政府の対応を決定する過程で、当初、非常に大きな役割を果たしたこの会議でどんな議論がなされたのかということは、議事録を見ればわかるはずだ。しかし、その大事な議事録が公開はおろか作成さえされていないということがわかって、政府は強い批判を受けることになった。

菅官房長官は、「政府が決めた」公文書管理のガイドラインの解釈論で、議事録作成が義務づけられていないなどと言い訳したが、それは政府が勝手に決めたものであり、議事録を作成「してはいけない」とはどこにも書かれていない。安倍氏や菅官房長官が「議事録を作成して保存、公表せよ」と言えば、すぐ作成できたはずだ。

西村経済財政担当相が言う「専門家が自由に率直に議論することが大事」という理屈も、実は何十年も前から官僚や政治家が使うまやかしだ（西村氏は通商産業省の元官僚）。

そもそも、「専門家会議」「有識者会議」などの会議をつくるのは、政府の政策が第三者の客観的で合理的な意見に基づいているかのように見せかけて、自分たちは責任から逃れるためだ。

例えば、官僚や政治家がその利権を守るために、有識者会議を使う場合、何をするか。彼らは、息のかかった委員に自分たちの声を代弁させる。しかし、誰が何を言ったかがわかると、利権擁護の発言の主が特定されるため、世論の批判を恐れる委員がそういう意見を言えなくなる。そこで、「自由闊達《かったつ》な議論をする」ために議事録は作らないという理屈を編み出した。つまり、議事録を作成しないのは、「後ろめたい議論を安心して行なう」ためなのだ。

さらに、専門家会議の議事録を公開したくない理由はもうひとつある。

それは、政府が決定した政策と専門家会議の議論が矛盾していることや、もっともだと思われる反対の意見があったことが後からわかってしまうリスクを恐れたということだ。

後にこの専門家会議が突然廃止されたが、その背景は、経済優先のため自粛解除を前のめりで進める政府に対して、専門家から強い懸念の声が上がり、そうした声を記者会見などで表明しようとした委員がいたからだということが伝えられた。

議事録問題が議論になった直後に複数の委員から、発言者の名前を含めて委員の意見が公表されることはなんら問題ないし、むしろそのほうが望ましいという意見も出ていた。

もちろん、専門家会議が、政府の言いなりになっているのであれば、政府としても議事録公開にはなんの問題もないが、意見が食い違っていたということであれば、当然「隠すべきだ」という判断になる。つまり、議事録を公開しないということは、政府に都合の悪い議論が行なわれていることの証拠だと考えればよい。


ここまでは常識的な推論でもたどり着く話だ。しかし、それだけでは十分ではない。ここでは、私の30年を超える官僚生活の経験から、さらにもう一段深掘りした指摘をしておきたい。

それは、「議事録公開は実はあまり意味がない」ということだ。

そういうと、今までの議論はなんだったんだと思うかもしれないが、議事録は改ざんされるものだ。政府を批判する意見は、削除されたり、弱いトーンに書き換えられる。もちろん、発言者の了解を取ってのことだ。必要があれば、課長クラスが委員のところに直接赴き、説得することすらある。だから、議事録を見ても本当のところはわからないのだ。

では、そういうことを防ぐにはどうしたらよいのか。そのヒントになる例を紹介しよう。

私が事務局を務めた国家公務員制度改革推進本部顧問会議の議事公開要領では、紆余曲折(第7章参照)はあったものの、会議のインターネット配信を行なうと決めた。これで議事録改ざんは不可能になる。もちろん、記者の傍聴も認め、すぐに記事配信してもらう。映像があるので、テレビのニュースになりやすく、その結果、公務員改革に国民の関心が集まるという効果がある。その上で議事録を作成公開すれば、改ざんしても映像との矛盾を突かれるので、正しいものしか出てこない。もちろん、現場の官僚や大臣も抵抗すると思うが、そこについては記者クラブが強く要求するべきだ。

仮にネット生配信までできなくても、議事を録画または録音した電子ファイルをネットに上げれば、ＡＩを使った文字起こしを国民がやってくれるだろう。公開できない場合もその電子ファイルを公開可能になるまでは永久保存とすれば、手間暇かけずにすべての記録が残り、後年の歴史的検証も行なえる。

そんな大胆なことができるのかと思うかもしれないが、それは国民が洗脳されているからだ。例えば、新型コロナウイルス対策の議論をどうして秘密にする必要があるのだろうか。専門家からいろいろな意見が出たということを隠す必要があるはずはない。むしろさまざまな議論があることを知れば、政府の対策についての理解は深まるはずである。

国民はバカだから、パニックに陥るかもしれないとか、誤解される恐れがある、というのは議論を隠す理由にならない。国民は政府が考えるよりはるかに賢明だし、会議の外の専門家からさらに有益な意見が表明されるきっかけになるかもしれない。

この改革は、政府の会議のかなりのものに適用可能だ。しかも、それを止める法律や規則はなく、明日からでも実行可能だ。必要なのは首相の「やれ！」という号令ひとつ。官邸主導は安倍政権のお家芸とされていたが、この政権の〝継続〟を謳う菅義偉政権なら、すぐにでもできるはずだ。

コロナ禍で露呈した日本のデジタル後進性

「民度のレベルが違う」

これは、日本の新型コロナウイルスによる死者数が欧米諸国に比べて少ない理由について麻生太郎財務相が述べた言葉だ。麻生氏は、他国の民度が低いという意味に受け取れるという批判に対して、「他国を貶めるというのとは違う」と釈明し、報道はすぐに沈静化した。

しかし、よく考えると、この言葉の背景に日本が抱える深刻な問題が隠されている。

その問題とは、この国の支配層に根深く蔓延《はびこ》る「日の丸信仰」である。「日本民族は世界一優秀だ」という根拠なき優越思想に凝り固まり、日本が他国より劣っている点を認識することができず、彼らの歴史の最終ページは、「ジャパン・アズ・ナンバーワン」といわれた昭和末期のまま止まっている、ということは先ほども述べた。

麻生発言の前提となる「日本人の新型コロナウイルスへの対応が優れているから、人口当たりの死者数が非常に少ない」という点だが、これは、欧米諸国と比べた場合の話で、アジア諸国と比べれば、日本は決して優等生ではない。

各国の人口の増減やウイルス感染症患者の人数など、世界のさまざまな数値をリアルタイム表示するウェブサイト「Worldometers」を見ると、日本の１００万人当たり死者数は、９月25日時点で11名（小数点以下四捨五入）。アジア大洋州主要国・地域では、台湾、ベトナム、タイが１名未満、中国（信用できるかは別問題だが）３名、ニュージーランド、シンガポール５名、韓国７名と日本より少ない。麻生氏はこの事実を完全に無視している。部下がそのことを報告しても、おそらく日の丸信仰に支配されている麻生氏の頭には入らないのだろう。

　さらに、死者数だけでなく、コロナ対応で際立ったのは、日本のＩＴ化の遅れだ。国民ひとり10万円の給付では、多くの自治体でオンライン申請のほうが郵送よりも給付が遅れる事態に陥り、オンライン申請中止の自治体も相次いだ。休業中の労働者に給与を支払う企業を支援する雇用調整助成金のオンライン申請も、開設直後に他人の申請内容が見えてしまう大失態で停止。16日後に再開したが、同じトラブルですぐ止まった。中小企業の命綱といわれた１社最大２００万円を給付する持続化給付金のオンライン申請も、１ヵ月経過後も処理状況をオンライン確認さえできず、「ＩＴ原始時代」と揶揄《やゆ》される始末だ。おまけに「前田ハウス」で有名になった、この給付金の担当責任者である前田泰宏《やすひろ》中小企業庁長官の電通との癒着疑惑まで飛び出した（この話は第２章で解説する）。

　共通するのが、政府と長年癒着する「昭和な」大企業に頼り続ける構造だ。富士通、電通、パソナなどの名前は見えるが、グーグル、セールスフォースなどの名前は出てこない。持続化給付金では、入札に参加したデロイト トーマツ系のコンサル企業のほうが評価が高かったのに、なぜか電通系団体に落札させた。

行政手続きだけではない。オンライン授業でも、遠隔診療でも、日本は先進国とは思えない遅れを露呈した。

もともと、日本のＩＴ化の遅れは深刻だ。スイスの国際経営開発研究所（ＩＭＤ）による19年の日本のデジタル競争力は対象63ヵ国・地域中23位。2位シンガポール、8位香港、10位韓国、13位台湾はもちろん22位中国にも負ける。日本のはるか先を行く欧米アジア諸国は、コロナを機に、内外の最先端企業とのコラボで行政、医療、教育分野で、新機軸を打ち出し、ポストコロナ社会に向けて飛躍の芽を育てている。

一方、日本の「昭和な」政治家と官僚はいまだに「日の丸信仰」で、電通、パソナなどとの癒着構造維持に汲々《きゆうきゆう》としている有様だ。

現在の日本の統治機構は完全に時代の流れから取り残された。これを放置すれば、コロナ後の世界で日本の没落は一段と加速し、しかも格差拡大で社会は分断される。それは、やがて国家崩壊という悲劇につながるのではないか。

官僚たちの行動は不思議なことだらけ

第1章がかなり長くなってしまったが、新型コロナウイルス感染症に関連する安倍政権による一連の対応策を見ていると、官僚たちの行動がさまざまな局面で大きな影響を与えていることがわかる。

森友学園問題、加計《かけ》学園問題、桜を見る会問題などは、安倍氏の問題であるが、そこでも必ず官僚の行動が問題となってきた。

一連の事件を見ていて、多くの人は、官僚についてさまざまな疑問を抱くようだ。現に、私のところには、何か問題が起きるたびに新聞、雑誌、テレビ、ラジオ、ネットなどのメディアから解説を求めて取材が入る。コロナ問題に関連しての取材も明らかに増えている。

そこで行なわれる記者とのやりとりでは、極めて多岐にわたる疑問が提示される。

そもそも官僚とはどんな人たちなのか、森友、加計、桜などの事件でどんな役割を果たしたのか、政治家と官僚のどちらが悪いのか、両者はどんな関係にあるのか、官僚が問題を起こすのは安倍政権が特別だからなのか、官邸官僚とはどんな人間なのか、そして、官僚は普段頭の中で何を考えているのか、上司と部下はどんな会話をしているのか、官僚はどうして公文書を隠蔽、改ざんするのか、官僚とメディアはどんな関係にあるのか、などなどである。

第2章以降では、そうした疑問について、私が30年6ヵ月の官僚生活とその後も含めた永田町の政治家やマスコミ、経団連企業関係者などとの付き合いのなかで得た知見を整理しながら、解き明かしていくことにしたい。

第2章

官僚とは何か

「官僚は優秀」という神話

「優秀」で「青雲の志を持った」若者が官僚になるが、出世の階段を上るにつれてしがらみにからめとられ、省益・自己益優先の堕落した幹部になっていく——そんなストーリーを聞いたことのある人は多いのではないか。私も、そんな風に思っていた時期があった。

しかし、役所を辞めて数年たったところで、どうもこの説は間違っていると考えるようになった。

まず第一に、官僚は世の中でいわれるほど「優秀」ではない。官僚、とりわけキャリア官僚（国家総合職試験に合格し、中央省庁に採用された幹部候補の国家公務員）たちが一般に「優秀」だといわれる根拠は何かと考えると、その根拠の9割は一流大学卒だということになりそうだ。それ以外にはあまり有力な理由が見当たらない。強いて言えば、あとの1割はおそらく政治家に比べて頭がよさそうだということではないだろうか。政治家自身が仕事を通じて官僚は自分よりも頭がよいと認め、地元などで官僚は優秀だという話をする。それを聞いた一般の人やマスコミの人たちは、官僚は優秀で頭がいいらしいと思い込んでいるのかもしれない。

確かに、キャリア官僚は東大をはじめ一流といわれる大学卒であることが多い。しかし、学校教育は小学校から大学まで合わせても16年間だ。一方、一流大学を出た後、幹部になるまで

30年以上役所で生活している。30年前に優秀だったから、今も優秀だという保証はまったくない。

しかも、「優秀」とは、特に幹部官僚についていえば、「30年も前のことだが、ペーパーテストなどの試験はよくできた」という意味でしかない。

今、日本が置かれている環境は非常に厳しい。しかも、直近では、「ポストコロナ」の社会をどうつくるのかという世界中の賢人たちでさえ答えを出し切れないような課題に対応していかなければならないのだから、気が遠くなるような難題である。そのための政策を立案するのは官僚の仕事だが、ここで問題となるのが、「秀才」の限界だ。彼らは、筆記試験にはめっぽう強いが、この筆記試験の最大の特徴は、「正解が決まっている」ということだ。この世界では、主に過去問を解くことでスキルアップができる。官僚が前例を大事にする習性を持っているのは、過去問を解くのと同じく前例をヒントとすることで答えをつくろうとするからだ。

ところが、「ポストコロナの社会づくり」という課題の答えを書こうと考えたとき、そこにはあらかじめ決まった正解などどこにもない。個別の政策でも、社会保障をどう維持するのか、貧困と格差の問題をどう解消していくのかなどは過去の延長線上で答えを書くのではなく、白紙に絵を描くときのように、自らの発想力が試されるのだ。ところが、こうなると多くの秀才たちはお手上げ状態になる。官僚の能力の中核というべき「政策立案能力」において、彼らは決して優秀とはいえないのである。

「青雲の志」も神話

そして、幹部官僚たちがどうしてその地位に上り詰めることができたのかを考えたとき、より深刻なことに気づく。それは、「官僚として国民の役に立つ」からというよりも、「所属する役所のためにどれだけ役に立つのか」で評価されたからということである。つまり、幹部官僚は役所から見れば優秀かもしれないが、国民から見れば、優秀とは限らないのである。

この点は、後に述べる官僚の「性弱説」と密接に関連するのだが、官僚の能力として、最も重要なのは、実は政策立案能力ではない。それ以前に、自らを律する能力において、一般人よりも高いものが求められているということを忘れてはならない。官僚には大きな権限がある。正しく使えば国民のためになるが、誤った方向に使えば、とんでもなく大きな害悪をもたらす恐れがある。だからこそ、国民の利益と省益あるいは自己の利益がぶつかるときに、自己の利益を犠牲にして国民の利益を優先する強い自己規律能力が求められるのだ。しかし、東大を出たからといって、この面で優れているという保証はまったくない。実際には、通常の人よりも自己規律力が弱い人さえいる。

すぐに思い出すのは、新型コロナウイルス対策の目玉として安倍政権が繰り出した中小企業などに対する持続化給付金の担当責任者である経済産業省の前田泰宏中小企業庁長官だ。彼が前のポストにいるときだが、2017年3月にアメリカ・テキスサス州で現地アパートの一室を借り上げ、「前田ハウス」と称し、100人規模で夜な夜なパーティを開いていた、という問題で一躍有名になった。そこには当時から経産省から多額の委託費をもらっていた電通の関係者もいたという。国家公務員が、利害関係者が参加するパーティを自ら開き、しかもそのために借り上げた住宅に自分の名前を冠するなどということは、国民に疑惑を持たれる行為である。厳に慎むべきだということくらい、誰でもわかる。

それにもかかわらず、電通との癒着があったと疑ってくださいというのに等しいような愚かな行動を止めることができなかった。

2018年には、財務省の福田淳一事務次官(当時)が、テレビ朝日の女性記者と会食中、「胸触っていい?」「抱き締めていい?」など、ここに書くのもはばかられるような言葉をしつこく投げかけたセクハラ事件で辞職している。

霞が関の頂点に立つ財務省のトップや安倍内閣を支えるといわれた経産省の高級幹部でさえこの始末なのだから、官僚の自己規律能力は、一般人に比べて高いという保証がないことはあまりにもはっきりしているといっていいだろう。

問題は、そうした能力に欠けた官僚にも大きな権限が与えられていることだ。その結果、国民の利益より自己の利益を優先しようという誘惑に負けた場合、国民に大きな損害が生じる。なまじ頭がよい(悪知恵が働く)だけに、よけいに危険だともいえる。

しかし、こうしたことは今の仕組みでは避けられないことのように思える。なぜなら、各省庁が新卒採用するときに倫理観が強いかどうかという点を重点的に評価することはなく、そこはほとんどノーチェックだからだ。その結果、官僚は自己規律能力において、普通の人並みの集団になってしまう。私たち国民は、「官僚は優秀」というのは神話であるということをしっかり認識しておかなければならない。

さて、「優秀で青雲の志を持った若者が官僚になる」という神話のうち、ひとつ目の間違い「優秀」については今解説したとおりであるが、ふたつ目は何かというと、「青雲の志を持った」という点だ。そうあってほしいという国民の切実な願いがあるのは、私にもよく理解できる。私自身、そういうステレオタイプな公務員像というものをなんとなく信じていた時期もあった。しかし、役所を辞めてから、じっくりと官僚とは何かを考えた結果、「青雲説」はまったくの間違いとまでは言い切れないものの、それが当てはまるのはごく一部であって、多くの官僚はむしろそういった初心すら持ち合わせていないと気づいたのだ。

官僚の3類型――絶滅危惧種は「消防士」タイプ

まず、国民が理想と考える公務員とはどんな人たちなのだろうか。それについて考えるとき、すぐに頭に浮かぶ興味深いエピソードがある。18年5月、フランスのパリで話題になった、「マリ移民のスパイダーマン」マモウドゥ・ガサマさんの話だ。覚えている方も多いかもしれないが、誤ってマンション5階のベランダから宙づりになっていた4歳児を、22歳の移民男性が各階のベランダづたいによじ登って救助に向かい、見事助け出したという美談である。

そのスパイダーマンさながらの動きが動画サイトで拡散し、「これぞ英雄」とパリ市民から称賛を浴びたのだが、その男性、ガサマさんは、マリ共和国からの不法移民だった。このニュースに感激したエマニュエル・マクロン仏大統領は、彼に市民権を授与した上、消防隊員としての仕事を与えたのだ。

ガサマさんはインタビューに対し、「思わず体が動いた」と語ったが、もしこういう公務員がいれば、まさしく公務員の鑑。ほとんどの方はそう思うだろう。この移民男性はネット上でも一躍大スターになった。フランス国内だけでなく、世界中の人々が熱烈に彼を称賛するのを見た私は、あることに思い当たった。それは、私はかねてより公務員を3つの類型に分類しているのだが、その中に、「消防士型」と呼ぶカテゴリーを設けていることだ。

公務員を3つの類型に分ける上で、私がメルクマールとしたのは、公務員になった動機、求める報酬、国民への態度、そして待遇に対する感情という4つのポイントだ。

まず消防士型は、市民のために尽くしたいという動機から、その職を選ぶ。時には命がけで働くが、それはカネのためでも権力のためでもない。このタイプにとっての最大の報酬は、市民からの感謝である。困っている人がいれば、なんとかそれを助けようと奔走する。あくまで市民目線だ。予算や法律や条例などの制約があれば、上司にそれを乗り越えるような提案を恐れることなく行なう。そして、どれだけ頑張っても、奉仕の精神で市民と向き合うから、さして高給でなくても待遇に不満を漏らすことはない。今回、件《くだん》の移民男性に消防士の仕事が与えられるのを見て、消防士には世界共通で市民に命がけで奉仕する、いわば公務員の鑑というイメージが根づいているのだと再確認した。

警察官にも同様のイメージがあるかもしれないが、最大の違いは権力の有無である。人を逮捕できるというのは圧倒的な強権で、こうした権利を持たず、自分の身ひとつで国民のために頑張れる消防士とは、やはり立場が異なる。

3分類のふたつ目は、中央エリート官僚型だ。18年の文科省での収賄や接待スキャンダルなどを思い出して、彼らが官僚になるのは、お金や特定の利益が動機と誤解されそうだが、そうではない。高学歴の人材の多いこのタイプにとって、高報酬を求めるなら外資系コンサルティング会社や商社、金融などへ進んだほうがよほど実入りがいい。では、なぜわざわざ官僚を目指すのかといえば、自分が一番優秀であることを証明したいからだ。

幼い頃から優秀だと褒めたたえられ、そのまま東大の法学部あたりに進み、そこでもいい成績を収めて、卒業後は省庁、とりわけ財務省に入ってその中でさらに上を目指す。最終目標は次官だ。自分は選ばれた人間であると周囲に見せつけるため、あえて公務員の道を選ぶわけだ。

そんな中央エリート型が欲する報酬は、周囲の称賛であり、ちやほやされること。言い換えれば、他者を見下すことのできる立場こそが理想の報酬である。だから国民から「お願いします」「助けてください」と陳情を受けても、内心では「うるせえ、俺たちはこんなにいろんな政策をやってやっているのに」「あいつらはいつもたかってくる」となる。

この「やってやっている」という上から目線が極めて特徴的で、実際にそれを証明するエピソードには事欠かない。例えば11年には経産省のキャリア官僚が、匿名のブログで「(福島の)復興は不要だ」「老人はばけもの、早く死ね」などと発言して物議を醸していたし、13年には復興庁の参事官がツイッターに、被災者を支援する団体の集会に出席した後、「左翼のクソどもから、ひたすら罵声を浴びせられる集会に出席」などと書き込んで問題視された。彼らには弱者の立場になって親身に考えるなどということはとうていできない。

こうした発想だから、自分たちの待遇については、安月給(といっても、普通の市民から見ればいい給料なのだが、彼らから見れば、世の中でも特に優秀な自分たちへの給料としては破格の安値だと感じている)で徹夜までさせられるブラックな職場に耐えているのに、いつも批判ばかりされるのは割に合わないということになる。それでも仕事を続けて「やって」いるのは、天下りというおいしい将来が待っているからにほかならない。つまり、天下りとは彼らにとって悪ではなく見返りで、あって当然のもの。天下りをなくすことのほうが「理不尽な裏切り行為」ということになる。だから天下りは絶対になくならない。

3つ目の類型を私は凡人型と呼んでいる。彼らは、ひたすら安定を求めて公務員になる。求める報酬は長期にわたり、罪でも犯さない限りクビにならない雇用の保証、大した仕事をしなくても少しずつ着実に昇進できる確たる見通し、そして、70歳くらいまでは食いっぱぐれがない天下り生活である。国民に対しては一定の距離を置き、面倒な仕事からできるだけ逃げたがる傾向が強い。超一流企業より若干給料は低くても、何から何まで生涯安定した生活が保証されていれば、彼らはそれでいいのである。

このタイプが厄介なのは、国民から「お願いします」と言われたとき、逃げてしまう点だ。せっかく生活が保証されている立場だから、よけいなことに関わりたくない。へたに難しいことに手を出して失敗し、キャリアにバツがついたら大変だから、とにかく面倒な案件はほかの担当者にたらい回しする。役所の窓口などで、そんな経験をしたことがある人は少なくないのではないか。

以上が、私が見立てた官僚の3類型である。どのタイプが官僚として理想型であるかは言わずもがなだが、困ったことに消防士型の官僚はもともと少数派だ。しかも、「青雲説」はこのタイプの官僚にこそ当てはまるもので、彼らは最初は青雲の志を持って頑張るのだが、時間がたつにつれ、出世するにつれ、しがらみに負けてその志を失っていく。結果、幹部になっても「青雲の志」を持つ消防士型でいられる人は、ほとんど絶滅危惧種といってもよいくらい少なくなってしまうのである。

官僚の性弱説——官僚は極悪人でも聖人君子でもない

優秀かどうかはさておき、官僚は信頼できるのか、言葉を替えると官僚は「いい人」なのだろうか。

官僚に対しては、一定の信頼が存在している。例えば、水道事業の運営を役所から企業に委ねるというと、「反対」の大合唱が起きるのは、人の命に関わるような大事なことは、企業よりも役所に任せたいという感情があるからだ。その背景には、官僚は国民のことを考えてくれるはずだという信頼があるのではないだろうか。つまり、国民は少なくともある程度は「官僚はいい人たちだ」と信頼しているとみることができる。実際に官僚として30年以上も過ごした私の経験からみても、官僚はおおむね普通に「いい人」と言っていいだろう。

普通に友人・同僚として「いい人」であるだけでなく、普段仕事をするときも、おおむね国民のことを考えていると言ってよい。そういう意味では、公務員の多くは、そこそこ優秀でまあまあ働くまじめな人たちだと考えるのは、決して間違いとは言えない。現に憲法第15条は、公務員は「全体の奉仕者」であると定めており、国の制度の多くは、彼らが、さまざまな誘惑や圧力に負けず、常に清く正しく行動するという前提に立ってできている。まるで彼らが聖人君子であるかのような「官僚性善説」が基礎となっているのだ。

一方、森友学園問題での公文書改ざん、文部科学省での贈収賄事件や2代続けての事務次官辞職、裁量労働などに関する厚労省のデータ捏造《ねつぞう》、不正、財務省次官のセクハラ辞任、厚労省毎月勤労統計の不正など、最近の出来事をちょっと振り返っただけでも、「まったく信用ならない連中だ」と感じている人が多数いても不思議ではない。霞が関は強欲で悪徳に満ちた人間の巣窟であるかのように言う人さえいる。「官僚性悪説」だ。

「官僚性善説」と「官僚性悪説」。どちらが正解なのかといえば、私はどちらでもないと考えている。

官僚には少し変わった人たちがいるのは事実だが、私の経験からいえば、基本的には恵まれた環境さえ与えられていれば、普通に国民のための仕事ができる人たちの集まりである。しかし、仕事をしていると右へ行けば国民の利益になるが自己の利益を害される、左に行けば国民の利益には反するが自己の利益が守れるという分岐点に置かれることがよくある。そんなとき、どうしても自らの利益を優先したくなるという弱い心を持っているのが普通の官僚だ。バカではないから、悪いとわかっているのだが、やめられないということもあるし、長年の役所生活で悪いことだという観念すら麻痺《まひ》してしまっていることもある。それが普通の官僚の姿だ。私はこれを官僚〝性弱説〟と呼んでいる。

これは何も官僚に限ったことではなく、人間は誰しもそうした性質を持っている。もし、夜道を歩いているときに1万円札が落ちているのを見つけて、誰にも見られていないことがわかれば、拾ってポケットに入れてしまう人は少なからずいるだろう。しかし、そのとき背後から足音が聞こえてくれば、その1万円札はたいてい、交番に届けざるをえないはず。重大な刑法犯罪などを起こすことは稀《まれ》だとしても、形式的には軽犯罪に当たる行為をしてしまったり、犯罪とはいえないが、社会規範や自らの倫理規範を逸脱してしまったりすることは誰でも経験していると思う。同じ状況に置かれたとき、ルールから逸脱せず自らを律することができるかどうかが、その人の強さを示すことになる。

その意味で官僚は、本来は「強い人」でなければならないのだが、現実はそうではなく、「普通の人」並みに弱いのである。

「弱い人の集団」がしでかす、とんでもないこと

多くの官僚は普通の人と同じで「弱い人」だと聞くと、少し安心するかもしれない。しかし、官僚が必ずしも悪人ではなく、強い人でもないから大きな問題が出ないかというと、そうではない。「弱い人」が役所に蔓延《はびこ》ると、どうなるのか。

森友学園問題については後でまた詳述するが、この事件は、弱いけれどなまじ知恵の働く人々が集まると、どんな悲劇が起きるのかということを如実に示している。

現場の職員に改ざんを強要し、改ざんした文書を堂々と行使する。しかも、一連の不正に多

くの職員が関与しながら、また、何回もその不正を止めるチャンスがあったのに、結局誰もそれを止められず、次の項で書くが、正義を貫こうとした職員、赤木俊夫さんを自殺にまで追い込んでしまった。

実は、役人が中途半端に「優秀」だから傷が深くなるという面もある。なまじ頭が働くために、複雑な理屈（客観的にはタダの屁理屈）で、自分たちの行為を正当化したり、なんとか隠し通すための悪知恵を働かせたりできるのだ。頭が働かなければ、簡単に諦められたのに、ということになる。

「弱い人」の集団では、前例を破って自分たちの代から正しい道を選ぶという「勇気ある決断」はできない。もともと、森友学園に格安で土地を譲渡したのが諸悪の始まりだったが、その交渉に当たったのは、改ざんを主導した佐川宣寿理財局長（当時）の前任者・迫田英典氏である。佐川氏は、迫田氏の不当な行為を正当化するために自ら信じられない不正に手を染めてしまったわけだ。

あれだけの不正を働いた背景には、もうひとつ、キャリア官僚の任期が1年か2年の短期だということがある。その期間だけなんとか無難に過ごせばよいという意識もその判断を後押しする。現に、佐川氏は在任中にはその不正はバレず、めでたく国税庁長官に昇進した。

朝日新聞のスクープで改ざんの事実が暴露されたら、普通は諦めるのではないかと思うかもしれない。だが、表に出て謝罪し、自ら責任を取るという勇気がなかった。彼も弱い人間だったのだ。その結果、現場でひとりでその責任を押しつけられようとした職員が、自らの死をもって真相を告発するという結果を招いてしまった。

「弱い人」の集まりである官僚たちは、一度悪の泥沼にはまると、自力では決してそこから抜け出せない。一度そうなってしまった集団には性善説も性弱説も通用しない。残念ながら、その場合は「性悪説」で臨むしかないということになる。

新聞の社説などでもよく、「官僚はもっと襟を正して国民のために働かなければならない――」といった主張を目にするが、こういった文言をひたすら言い続けたところで意味はない。官僚の性質を適切に理解した上で、性善説にとらわれず、官僚にまともな仕事をさせるための環境づくり、仕組みづくりに取り組まなければならないのだ。

赤木俊夫さんは消防士タイプ

ここでどうしても触れておかなければならないことがある。それは近畿財務局で、森友関連文書の改ざんを上司の命令で実行させられ、さらに検察と財務省に単独で罪をかぶせられそうになった事実を明らかにするために死をもって告発した赤木俊夫さんのことだ。赤木さんは近畿財務局の上席国有財産管理官だった。国鉄職員だった赤木さんは、国鉄民営化に伴って近畿財務局に転職した。当時、多くの国鉄職員が職場を代わったが、財務局に採用されたということは相当優秀な方だったということが推測される。

赤木さんの勇気と正義感は文字どおり「驚異」的だ。鉄の団結を誇る財務軍団の中で、ひとり勇敢に上司に改ざんを止めるよう涙ながらに直訴した行為だけでも称賛に値する。

もちろん、改ざんを強制されたときに直ちに告発すべきだったのではという人もいるだろうが、それは後講釈というものだ。改ざんの指示が財務省本省のしかも理財局長という、彼らから見れば最高権威に当たる人間から出されたものだということを考え、さらに財務局の上司も皆その権威には逆らえないということも自明であるという状況では、仮にひとりで内部告発しようとしても途中で握りつぶされてしまうことは目に見えている。

唯一ありえるのは、辞職覚悟でマスコミにリークすることだが、それは赤木さんの将来の生活を危機に陥れ、最愛の妻にも大変な迷惑をかけることになる。あまりに代償が大きすぎる行動だ。また、赤木さんは同僚や上司に対する敬意と愛着というものも持っていたのではないかと私は思う。いわば、人情が彼の足を引っ張ったのだろう。そのことは誰にも咎めることはできない。

しかし、赤木さんは自分が改ざんに手を染めたことを心の底から悔やんだ。もちろん、悔やむことなら誰にもある。赤木さんのすごいところは、自分の過ちをなんとか正さなければならないと思い悩んだことだ。弱い人間は、自分の過ちを認めることすらできない。ましてや、周囲の同僚・上司を裏切るかのように真実を話そうとするのは相当の勇気が必要だ。

多くの報道は通り一遍に、赤木さんは改ざんに手を染めたことで自分を責め、たまたま赤木さんが「精神的に弱い」人間だからというニュアンスで、それが原因でうつ病になり、自殺に至ったというような解説をしているが、それは赤木さんに大変失礼な見方だと思う。

赤木さんが、上司に改ざんを止めるように必死で働きかけたこと、自らの過ちをしっかり認識できたこと、そして、真実を明らかにしようとしたこと。そのいずれをとっても、彼がとても「強い人」だったことを示している。

そして、最後に死をもって告発するという道を選んだことも、決して彼が弱いからではない。自らの正義の信念に忠実で、それを実現するためにはほかに道がないから、「死」をもって告発したということは、彼の強さを示す以外の何ものでもない。

一方の近畿財務局や財務本省の官僚たちは、全員が中央エリート官僚型か凡人型だったということだ。そして、佐川氏を含めて「性弱説」が当てはまる。この中にひとりかふたりでも赤木さんのような「消防士型」の「強い人」がいれば、もしかすると決裁文書の組織的大改ざんという霞が関の歴史に残る犯罪行為は起きず、赤木さんも自殺を強いられるどころか、改ざんを止めたヒーローとして名を残したかもしれない。

赤木さんひとりしか「消防士型」がいなかったのがこの悲劇を生んだのではないか。そう考えると、このタイプがまさに絶滅危惧種になっていることは、実に深刻な事態だと感じるのである。

偉くなるのは〝ヒラメ〟か〝強面〟か

官僚とひと口に言ってもピンからキリまでさまざまなわけだが、世の中を騒がせるのはたいてい超エリートたちだ。では、官僚とはどのようにして出世していくのか。

ちまたではよく、出世するのは「ヒラメ型」といわれる。これはつまり、目が上についていて、上司の顔色ばかり見て動くタイプを揶揄《やゆ》したものだ。

しかし、出世する官僚にはそれとはちょっと違った「強面タイプ」とでもいうべき類型がある。このタイプは、まず自分自身を強く見せる。ヒラメ型のように上司であれば誰にでも従順というわけではなく、〝偉くなる上司〟に限り従うのが特徴だ。この手のタイプは逆に「こいつは偉くなりそうもないな」と見限ったら、上司であっても逆らうことを厭《いと》わない人が多い。場合によっては、その地位から引きずり降ろしたり、悪者に仕立てあげたりといったことを平気でやる人間もいる。

上司に対しても、常日頃から「これ、できないんですか?」と強い押しで迫り、気がつけば上を思いどおりに動かしてイニシアティブを握る。出世コースに乗る官僚には、こういうタイプが意外と少なくない。あえて名前は出さないが、経済産業省出身で官邸を牛耳っているといわれた「経産官邸官僚」などはこのタイプの人が多い気がする。

ただし、こうした強面タイプの強引さはどうしても敵を増やすことになる。人望がないことが命取りになり、最終的に次官になれずにキャリアを終えることは十分に考えられる。強面タイプが必ずしも出世するとは限らないわけだ。

出世する官僚の絶対条件を強いて挙げるなら、それは役所の利権を守ることを徹底する人材だろう。それができなければ、どれだけ人望があっても、次官などの有力幹部から、「あいつ、正論は吐くけど、大事なことは何もできないな」という烙印《らくいん》を押されて終わる。

ここでいうところの「省益」の中で最も重要なのが天下りだ。役所の権限や予算を拡大していくことも大切だが、それも天下り先を増やすための一要素。天下りこそが官僚にとって究極の目的であり、いかに高待遇の天下り先を増やしていけるかが彼らの至上命題なのだ。

「天下り」こそ官僚の命

ここで、天下りについて、あまり知られていない「役所の掟《おきて》」を解説しておこう。官僚にとって理想的な天下りの条件とは何か。当然、まず最たるものは給料だ。

天下り先で受け取る給料は、基本的に退職時と同額か、あるいはその上を求めるのが一般的。それまで1500万円の年収を受け取っていた人なら、1500万円を最低保証に天下ることになる。

また、そうした報酬に比べればさもくだらないことに聞こえるかもしれないが、彼らが意外と重視するのが職場での「個室」の有無で、それがどのくらい立派な部屋かということも重要な要素となる。

さらに、専属の秘書がつくかどうかも関心事だ。最近ではコストカットの潮流から、複数の役員を数名の秘書が担当するケースも多いだけに、専属秘書を持てるか否かは大切なステータスになる。

そんなメンタリティだから当然、車だって欠かせない。会社が所有する専用車両が割り当てられれば理想的だが、民間のハイヤーなら、まあまあ。タクシーで通勤せよとなれば、彼らはガッカリしてしまう。個室、秘書、車は、天下りの3点セットと呼ばれている。

ひと昔前であれば、民間企業の間に役人を特別扱いする風土が根づいていたが、最近はそれほど甘くはない。天下りが悪であるという認識が世間に浸透したため、いざ天下ったとしても、厳しい目で見られることも多いからだ。

それにもかかわらず、今も天下りが当たり前のように横行しているのだから不思議なものだが、おかげで以前と同じ待遇を維持するために彼らは、かなりの努力をしなければならなくなった。

今、民間企業はどこも効率化を迫られ、財務管理が厳しくなっている。以前は使い放題だった交際費が制限され、役員のハイヤーがすべてタクシーに切り替えられた会社も少なくないと聞く。そんな時代に天下りの役人だけを特別扱いするというのは、やはり無理があるだろう。

民間企業と比べて、業界団体などはさらに厳しい。なぜなら、昔のようにすべての企業が業界団体に加入する時代ではない。特に中堅・中小企業が多く加入する団体では、経営が苦しくなると脱退してしまう会社も増える。そうなると全体数が減り、おのずと会費収入に影響する。

これまでは会費収入の一部で天下りを雇ってもらっていたものの、懐事情が苦しくなると、役職のランクによっては個室や秘書がなくなったり、ハイヤーがタクシーになったりと目に見えて待遇が落ちることがある。プライドの高い元官僚にとって、これは一大事だ。

そこで、そうした天下り先を差配する次官や官房長が、企業や団体の担当課長に指示して、「なんとか個室を残していただけませんか」「秘書くらいはつけてほしい」などと交渉することになるのだが、そうした要望がすんなり通る時代でないのは自明である。もちろん、こうした交渉でよい結果を残す課長は、官房長から見れば「優秀な官僚」であり、交渉に失敗する課長は「出来の悪い課長」ということになる。

最終的に要望が通らない場合は、官房長自ら、あるいは、秘書課長（人事課長）などに命じて、「いやあ、○○さん申し訳ない。また来年にはなんとか新しいポストを探して移ってもらうようにしますから、とりあえずここで我慢してください」と、先輩に頭を下げるのである。

官僚の界隈《かいわい》では、そんな折衝が毎日のように行なわれているのだ。

天下りを差配する官房長の苦労

天下り先で高待遇を受けていれば、当然そこを離れたくないと思うのが人情。とりわけ次官OBなどは非常にいいポストに就いているケースが多い。

仕事もせずに（といっても、天下りした本人はけっこう働いているつもりになっていることが多いのだが、受け入れている企業の人間から見ると何も仕事をしていないと思われている例がほとんどだ）ふんぞり返っているだけで高い報酬をもらい、ふかふかの絨毯《じゅうたん》が敷かれた個室に、誰もが羨む美人秘書が与えられる（これまで幹部官僚の大部分は男性だったためこうしたバカげたことが重視された）。そして昼も夜も交際費が使い放題で、全国の支社に視察と称して出かけては、ゴルフや温泉ざんまいの接待が待っている——これぞ、官僚にとって最高の天下り先だ。

しかし、各省庁からは毎年、退職者が出るわけだから、そうしたポストにひとりの人間がいつまでも居座っているわけにはいかない。ゆえにそうした天下り先は、順番に数年で交代してもらわなければならないのだが、なかには当然、聞き分けのないOBもいる。

たいていの場合は70歳くらいまでは面倒を見るが、場合によっては80代でもそのポストに残りたがるOBさえいるのが現実だ。そこで、いかに波風を立てずに彼らを納得させて引退させるかが、次官や官房長の最大の仕事になる。

また、彼らとしては役職の低い官僚たちも天下りさせなければならないから、そうした天下り先を日夜開拓しなければならない。そこで各省庁では、所管の企業や団体と良好な関係を保ち、しかるべきポストを押さえる努力をする。

ところが、なかには先に天下ったOBがあまりに横柄で、「ちょっとあの人はひどいんじゃない？」などと裏でクレームがついたりもするから大変だ。一方で所管の企業に気を使い、もう一方でうるさ型のOBに「どうか穏便に」などと根回しをする。世間の目の届かぬところで、こんなことにばかりエネルギーを費やしているのが官僚の実態だ。

かつて民主党政権下において、天下りを減らそうという機運が高まったこともあったが、こうした慣習は今もしっかり残っているのである。

天下り〝闇ルート〟は今も健在

今でも旧態依然とまかり通っている役人の天下り。ここまでの解説は、従来型の天下りシステムが機能していたときのことだ。しかし、すべての省庁ではこのような天下りシステムを「表向きはなくした」ことになっている。なぜなら、国家公務員法の改正により、現職公務員が天下りの斡旋《あっせん》に関わることが禁止されたからだ。ただし、のちに解説するとおり、それに代わるさまざまな「闇ルート」を作ることで、各省庁とも今までどおり天下りを継続している。

一方、非常に稀なケースではあるが、退職後の仕事がなくて苦労している官僚もいる。その代表といえるのが、厚労省で勤務している旧労働省系の役人たちだ。

厚生労働省の役人（旧労働省系）で定年退職を迎えた友人とたまたま会食する機会があった。私は慰労の言葉と共に、彼に何げなくこう振ってみた。

「次の職場はもう決まってるんだよね？」

しかし、返ってきたのはこんな言葉だった。

「いやいや、古賀さん。旧労働省系はキャリアでも局長とかになれなかった人は天下りなんてないんですよ」

「え、それは表の話でしょう。天下りがなかったら、みんな路頭に迷っちゃうじゃない」

「まさにそうなんです。昨年退職した僕の先輩も、ハローワークでどうにか再就職先を見つけてきた有様で……。僕もこれから大変ですよ。ハローワークでいい仕事が見つからず、勉強して社会保険労務士の資格を取った人もいますし、1年近く仕事がなくて、つい最近、やっと友達の紹介で仕事が見つかったという同僚もいます」

役所からの斡旋がなくなれば、官僚でさえ再就職に苦戦する。裏を返せば、天下り先の斡旋は禁じられているはずなのに、たいていの官僚はしっかり再就職を果たしている事実がある。いくら表向き、「私たちは斡旋していません」と言ったところで、〝闇〟のルートがある。よく知られているように、ＯＢが天下り先の斡旋に動いているのだ。

だから天下り先の斡旋は、少なくとも建前上、現役職員は誰も関知しないことになっている。実際、退職してどこかの団体などに収まった元同僚と話すときも、「いいところに再就職が決まってよかったね」「うん、まあ」という会話はできるが、どのようなルートで見つけてきた職なのかには、一切触れることはない。絶対に口外できない話だとお互いよくわかっているからだ。

私が想像するにおそらく、退職が決まると直接的な文言はなくても、上司から「心配はいらないから」などとそれとなく言われ、辞めた瞬間にどこかのＯＢから連絡が入るのではないかと思う。「君、退官だってね。ぜひうちに来てほしいんだよ」と。

ところが、こうした仕組みがうまく回っていないのが、旧労働省系の役人というわけだ。

その背景はこうだ。民主党政権時代、厚労大臣だった長妻昭氏は天下りを本気でなくそうと奔走した。その結果、特に厚労省からは、ごく一時的だが天下りが一掃された。しかし、長妻氏が退任し、政権が民主党から自民党へと交代する過程で天下り復活が可能となった。ところが、旧労働省系の役人だけは、どうも正直にこの規制を守っている人が多いようで、そうすると、いつ仕事が見つかるかわからない失業状態になってしまうということだ（ただし、旧労働省系でも、次官や局長などになった一部の幹部はいまだにおいしいところに天下りしている。おそらく彼らのような特権的キャリアだけの闇ルートが存在するのだろう）。

そうかと思えば、大っぴらにやりすぎたのが文部科学省だ。第2次安倍政権が官僚の天下りに甘いというのは霞が関では共通の認識だったが、それで油断が生じたのかもしれない。17年1月には、文科省がOBを活用した仕組みを作り、現役職員まで関与して天下り斡旋をしていたことが大きな問題となった。当時の前川喜平事務次官もこれに関与したことが判明して辞任を余儀なくされるなど多くの処分者が出た。これなどはまさに、現役職員が動いた証拠が出たので問題視されたケースであるが、こうしたことは普通は絶対にばれないように行なわれるので、表には出ない。さまざまな「官僚の知恵」で違法すれすれ、あるいは違法だがばれない仕組みで、ほぼこれまで通りの天下りが行なわれているのだ。

「天下り潰し」は反逆罪!?

かつては退職日から1日と空けずに、天下り先へ行くのが通例だった。もし、このあたりの段取りが悪く、10日ほどでもブランクが空こうものなら、「いったいどうなっているんだ」と大騒ぎ。このあたりが役人のセコいところで、「もしも保険加入のないその数日間に事故にでも遭ったらどうするんだ」というのが主な言い分だったりする。彼らにとっては、「保険」とは、企業や団体の「健康保険」のことで、「国民健康保険」は含まれない。国保に加入するには、自ら手続きをして保険料も自分でいちいち納めなければならない。そんな面倒なことはやりたくないし、どこの組織にも属していない「失業者」になるなんて、とうてい許されないという感覚があるのだ。だから、以前は、1日の間も空けないように天下りが実施されるのが普通だった。

しかし、天下り先を斡旋する次官や官房長にとって、これほど面倒なことはない。何しろOBは毎年次々に送り出されるから、数年前に天下りさせたOBを、別の天下り先へと移動させてポストをこじ開け、玉突きで行き先を都合するようなことが日常的に行なわれている。ひとりの新たな天下りのために3つ4つのポストの移動を調整するなどということも日常茶飯事だ。ただ、民間企業の役員ポストともなれば、株主総会の日程に左右されるケースがままある。日程次第では、退職から再就職まで間がかなり空いてしまうことがあるから、その間は嘱託の形でいったん会社に入れ、株主総会後にあらためて役員にするなど、あの手この手で数珠つなぎ人事を途切れなく実施する。

もちろん、こうした役人の都合で人事を動かすことを、いやがる企業も多い。以前は所管官庁の言いなりになっていた公益法人でも、最近は人事の細部まで公開しなければならなくなったので、単純に官僚側の論理だけで動くわけにはいかなくなっている。

一事が万事、そんな調子だから、たまに良識のある官僚が「そろそろもう、この団体は必要ないから廃止したらどうか?」などとまっとうな提言をしようものなら、周囲から白い目で見られることになる。ただでさえOBの割り振りに多大な苦労をしているなかで、大事な天下り先を減らしてどうするのだ、と。

もし国民から見て不要な団体や、役目を終えた団体の存在について指摘を受けたとしても、職場で四面楚歌《そか》を味わうより、外部からの非難を耐え忍ぶほうがはるかにマシだ。なぜなら、天下り先潰しとは、彼らにとって反逆罪にも等しい愚行だからだ。

大臣ですら、うかつに団体を潰そうものなら官僚から一生恨まれるのを知っているから、どれだけ無駄な団体があっても、まず手をつけようとしない。なんらかのスキャンダルで、世論にどうしようもないところまで追い込まれて、初めて手を下すことになる。

それにしても、なぜ役人たちはそこまでして天下りというシステムに固執するのか。世間の目を気にしながら、リスクを冒してまで維持せずとも、経歴や人脈を生かして自力で就活すれば、それなりのポストに就けるのではないか、と思う人もいるだろう。

しかし、身も蓋もないことを言ってしまえば、官僚というのは世間で思われているほど優秀な人材は多くないのだ。次官や局長クラスまで上り詰めた人なら、自分で次の職を見つけてくるくらいの裁量や能力がありそうなものだが、実際はそうとも言い切れない。

一方、企業側にも、官僚ＯＢを一本釣りするより、役所が間に入った天下りを使って採用したほうが得だという事情がある。

企業から見れば、官僚として高い地位で経験を積んだ人材であれば、当然、役所に顔が利くし、広い人脈があるだろうと期待する。ところが、本当にその人がかつての職場を相手に力を発揮できるかどうかというのは、不確定要素だ。もしかすると、役所とケンカして辞めてきた人かもしれないし、後輩たちから嫌われている可能性だってある。企業側が望むだけの働きが見込める保証など、どこにもない。そうしたハズレくじを引くリスクを冒すくらいなら、そもそも役所の推薦で天下りを受け入れるほうが確実だ。場合によっては、出来の悪い官僚でも、役所に頭を下げさせてから天下りを受け入れれば、役所に貸しができるという計算だってできる。役所の斡旋で受け入れたほうが、いろいろな面でお得なのだ。

「俺は寂しいよ」と言った局長

今から15年以上も前のことになるが、私が経産省の課長だった頃、天下りに関してこんな出来事があった。

例によって次官が天下り先の開拓を懸命に頑張っているなか、私は自分が所管する団体を廃止しようと考えた。ある規制の審査を国に代わって実施する団体なのだが、そもそも、その規制の存在意義がなくなったので、規制を廃止するとともにその団体もなくしてしまえと考えたのだ。

詳しいことは省略するが、私の何代か前の先輩が、「債権流動化」という当時としては先進的な金融技術を用いて新たな金融商品を流通させようと考えた。所管の業界がそれを希望したからだ。そこで、その金融商品が安全かどうかを投資家や消費者のために役所がチェックするという法律を作った。安全とか安心のために法律を作ると言えば、あまり大きな反対は出ない。官僚は、それを利用して「規制法」を作る。しかし、安全のための規制法といっても、危ないことを禁止するだけではない。実は、役人が新たな規制を打ち出すときには、その陰で必ず新たな団体をつくることを法律に書き込むのだ。設立されるのは、規制のための第三者機関だったり、規制遵守のための広報を行なうための団体だったりする。「消費者を守るため」などと言われると、普通の人は確かに必要だなという気がしてくる。しかし、実際のところ団体設立は規制のためというよりは、その団体に天下りポストをつくるために行なわれるのが大半だ。

私が潰そうとした団体も経産省に代わって審査を代行する機関だったが、そこにはしっかり、キャリアとノンキャリアひとりずつの天下りポストがつくられていた。国民から見れば、詐欺みたいなものだが、規制と団体設立・天下りポスト創設は、霞が関ではお決まりの「抱き合わせ販売」で、むしろこれをセットでやれない役人は不出来の烙印を押されてしまう。

私が団体を廃止しようとしたのは、規制法制定から数年を経て、実は役所がチェックしなくても市場でしっかり評価され、一般の金融の規制だけで特に危険はないということがわかったからだ。つまり、規制そのものが不要になったということなのだが、そうなると当然、その規制の実施機関だった財団の存在も不要になる。だったら、もうこれを潰してしまえばいいと考えるのは自然なこと。しかも、おかしなことにその財団の設立コストは関連業界が負担していたので、団体を潰せばその財産を業界に還元できる。毎年国の予算を出して残しておく必要性はどう考えても見いだせなかった。

そこで私はある日、財団の解体を上司の局長に申し出た。もちろん、それが役人にとって何を意味するか、しっかり理解した上でのことである。

本来、こうした天下り先潰しを上申しても、即座に「何を言ってるんだ?」ともみ消されてしまうのが常。だから私は一計を案じ、局長や課長が全員集まる「局議」の席で、この財団解体を提案した。

多くの人目のあるところでは、まさか「天下り先を確保するために、潰すわけにはいかない」などと言えるはずがないからだ。もし、担当局長が「天下り先を守れ」と局内課長がそろった席で言ったとなれば、これは立派なスキャンダルだ。たくさんの出席者がいれば漏れる可能性は高い。だから、そこでは、局長は、「うーん。では考えてみるか」などと言うしかない。

このときの上司は立派な人だったから、もちろん、会議の場ではあからさまに反対はしなかった。ただ、会議が終わった後に個人的に呼び出され、「さっきのアレ、やっぱりやめるべきかなあ」と問いかけてくる。押しつけがましい言い方はしない。

「ええ、やめたほうがいいと思いますけど」

「いや、だけど……。ほら、あそこにいろいろ職員がいるだろ」

「多くは業界からの出向ですから、元の会社に戻すだけのことでしょう」

一瞬の沈黙の後、私のほうから「天下りのことですか？」と切り出すと、局長はうなずきながら、「あそこには○○さんや□□さんがいるよなあ」とつぶやいた。彼らの行く先を探さなければならないということを慮《おもんばか》っているのだ。「いや、そんなこと僕は知りませんよ」と淡々と返すと、「でも古賀君、そもそもこの団体のことは、誰も問題視してなかったよなあ。普通は、団体を潰せと言われたら、最後まで体を張って守るのが担当課長だろう。それが、誰にも言われてないのに、よりによって担当課長自らが潰しましょうと言ってくるなんて。いやあ、時代が変わったのかなあ。なんだか、俺は寂しいよ」。そう言われたのを覚えている。

これが普通の局長なら、「君、そんなこと言ってもなあ。次官になんて言うんだ。それに、いつか自分だって天下りのお世話になるだろう」などと言って懐柔しようとするだろう。私の場合は、よい局長に恵まれたこともあって、結局、この団体はそれから1年ほどかけて解散することになった。そのために法律を国会に出すという面倒な手続きまでして、誰にも言われていないのに自ら廃止するなどということは非常に珍しいことだ。現実には、一度つくった組織は、潰すどころか、なんとかして存続させようと、官僚たちは必死で知恵を絞っている。そうした例は、枚挙にいとまがないが、ほとんど表で議論されることはない。

2年で異動する官僚にファンドをやらせると……

近年、さまざまな官民出資ファンドが問題になっている。例えば日本の商品・サービスの海外展開を支援する経産省所轄の官民ファンド「クールジャパン機構（CJ機構）」の失敗がたびたびやり玉に挙がったが、実は、こういった話は今に始まったことではなく、ずっと昔から脈々と受け継がれてきた悪しき流れのひとつである。

印象的な実例に、1985年に設置された基盤技術研究促進センター（以下「基盤センター」と呼ぶ）における出資事業がある。85年4月に、日本電信電話公社を民営化して株式会社（NTT）にするに当たって発行された株式1560万株のうち、3分の1に当たる520万株を政府が保有することになった。株式であるから、当然、政府に配当が入る。もちろん、これは税金同様国民のお金だ。その額毎年約260億円は産業投資特別会計という勘定にいったん入るのだが、これを国民のお金ではなく、自分たちのものだと考えた産業所管の通商産業省（当時）とNTT所管の郵政省は、山分けしようと考えて、基盤センターをつくって、そこに出資金や貸付金としてこのお金を流し込んだ。

基盤センターはこんな理屈で設立された――今も昔も日本はベンチャー企業が育ちにくい環境で、とりわけ資金的にリスクの大きな研究開発にはチャレンジしにくい実情がある。そこでこの基金から投資して、新たな産業を育てながら利益を回収する。ただし、官僚にその手腕はないから、民間から専門家を招聘《しょうへい》して運用しよう――（30年以上前のセリフだが、お気づきのとおり、今もこのときと同じセリフを官僚は新たなファンド設立の際に使っている）。

そして、基盤センターにつぎ込まれた2800億円近いお金がどうなったかというと、ほとんどが回収不能。見事にすっからかんになってしまった。正確にいえば、ほんの数億円くらいは戻ってきたが、いずれにしても信じられないような惨状である。しかも、官僚は誰ひとり責任を取らなかった。今と変わらず、昔から官僚たちは平気でこうした無駄をやり続けてきたのだ。

こんなことがまかり通ってしまう原因のひとつに、役人は基本的に1～2年で現場を離れてしまうということがある。数年かけた投資案件が大失敗したとしても、当時の担当者はもういない。つまり、責任を追及しようにも、当事者がいないのだ。

それが最初からわかっているから、巨額の投資に対して躊躇がない。結果、国民のお金が闇雲に浪費されているのだから、こんなにおかしなこともないだろう。

30年以上も前でさえこうなのだ。民間企業が力をつけて、資金もじゃぶじゃぶに余っている今日、ファンドに役所が参画する意味はどこにあるのか。

官が民にはない独自の情報や運用ノウハウを持っているというならまだわかる。実際、終戦直後の時代であれば、確かに民より官のほうが多くの情報を持ち、さまざまな優位性があっただろう。

しかし今や、世界情勢や経済情報など、あらゆる面で民は官の上を行く。民間資金も豊富だ。それにもかかわらず、経産省や政府は、民間ではなかなか大きなリスクを取れないから国がやるという。そして、国にはそんなノウハウはないだろうという批判に対しては、必ず民間のプロを連れてきて、その経験と専門知識を生かして運営するから大丈夫だという。

ただ、よく考えるとこの理屈は非常におかしい。官にノウハウがなくて民に頼るのであれば、最初から民間がやればよいはずだ。民間ができないのに、官がやればできるのはなぜか。そこに官と民の違いがある。それは、民間であれば損するからやめようとなるプロジェクトでも、官は損をしても責任を取らなくてもよいので、無責任に税金をつぎ込めるからだ。他人の金で、損してもいいと思うからできる、ということになる。

これは、国民から見ればとんでもない話だ。官僚にとって「他人の金」であっても、国民にとっては、「私たちのお金」にほかならない。損しそうだから民が手を出さない純粋な民間投資案件に、私たちのお金を注ぎ込むようなまねはやめてくれということになるはずだ。

民間のファンドであれば、巨額の損失が発生すれば、必ずファンドマネージャーが責任を問われ、キャリアに傷がつくという歯止めもかかるが、官僚の場合、大きなファンドに投資だけして、「あの案件を手がけたのは実は私なんです」などと胸を張り、1年後にはもっとよいポストに昇進するネタにするような輩《やから》も多い。こうした実態を是正するには、ファンドを立ち上げる際には必ず自己資金を入れさせるなり、ある程度の結果が出るまで現場に縛りつけるくらいの制約が必要だが、今の官僚制度のなかでは、そうした特殊な扱いは難しい。

はっきり言って、この手のファンドに意味はない。一刻も早くすべて撤廃し、民間がベンチャー企業に投資した際の助成策でも講じたほうが、はるかに有意義だろう。例えば、最初の投資金については投資段階で、全額損金として計上してよいという仕組みをつくれば、節税がてら投資に励む企業は増えるに違いない。

ちなみに、最近立ち上がっている官製ファンドには、たいてい天下りや現役出向で官僚や官僚ＯＢがおいしいポストに就いている。結局のところ、役人がファンドの立ち上げに熱心なのも、やはり天下り目当てにほかならないのだ。

団体を設置、延命する官僚の手練手管

２００９年に設置された産業革新機構もまた、官民出資の投資ファンドだ。これは先端技術や特許の事業化支援などを目的に、15年の設置期間を前提に設置されたもの。

私は、この機構の設立前に、「こんな組織の創設はやめるべきだ、とりわけ、この15年という期間は長すぎる」と省内で苦言を呈した。担当課長が「古賀さん、お願いだから黙っていてください。絶対に変なことにはしませんから」などと陳情に来たこともあった。

しかし、15年はあまりにも長すぎる。私が現役の頃に内閣府参事官として、その創設のための法律を作った産業再生機構などは、設置期間5年としながら、実際には4年で解散している。これはおそらく空前絶後のことで、役所が自らつくった組織を予定どおりに潰すことはまずあ

りえない。期限が近づいてくると、必ずなんらかの理由をつけて延長を重ねていくものだ。そして、世間の批判が高まり、さすがに存続が難しくなってきたら、潰すのではなく、ほかの団体に吸収させるか、あるいは別の理由を見つけて衣替えする。つまり、実態として組織がなくなることはないのである。もちろん、それは一度つくった天下りポストは何がなんでも死守するという役人の掟があるからだ。

この産業再生機構の場合、私は天下りを絶対に受け入れないルールを設けて立ち上げたものだったが、案の定、2年目あたりから「来年はどうにかして天下りを入れろ」と財務省や経産省が言い始めた。しかし、私のみならず、民間からこの機構に馳せ参じた志高いメンバーたちがかたくなにこれを拒否し、彼らのごり押しを退けた。

そして天下りにこだわる役所の様子から「この調子ならどうせ、期限が近づいてきたら『設置期間を延長しよう』と言いだすに違いない」と予想した再生機構のメンバーは、なんと機先を制して4年でこの団体を解散させることに成功したのだ。もちろん、通算の業績は大幅な黒字だった。これは画期的な出来事だった。

一方、15年の設置期間が設定されている産業革新機構の場合、順当なら24年度末に解散することになっていた。ところが18年、巧妙な延命策が実施された。簡単にいうと、第4次産業革命の進展などの「創設後の環境変化」を口実にして、産業革新機構を事実上衣替えして名称を「産業革新投資機構」と変更、その存続期間を9年間延長して33年度末までとしたのだ。さらに、経産省以外が所管する官民ファンドを吸収する道も開いた。これによって、どこかのファンドが問題を起こしたり、存続意義にケチがついたりした際、これを潰してしまうのではなく、整理統合して産業革新投資機構に吸収することで焼け太りするという仕組みだ。もちろん、33年度末でこの機構がなくなることはない。その少し前になると、またしても「環境変化」を理由にして、さらに延命へと向かうだろう。役人というのはこうした立ち回りが本当にうまい生き物なのだ。

ちなみに、今回は経産省が中心となって、他省庁の官民ファンドの問題点などをマスコミに書かせた可能性がある。前出した経産省の所管の「クールジャパン機構（CJ機構）」が、まったくの鳴かず飛ばずで大きな問題になった件だ。他省庁のファンドも軒並みうまくいっていないのだが、CJ機構は日本の食文化やエンターテインメントの海外進出を後押しするという触れ込みで大々的に宣伝していたこともあって、マスコミの注目度が高かった。三越伊勢丹との共同出資で造ったマレーシアの「イセタン・ザ・ジャパンストア・クアラルンプール」やバンダイナムコホールディングスと設立したアニメ配信会社「アニメコンソーシアムジャパン（ACJ）」など、一般国民の関心を引く案件が多く、これらが軒並み失敗に終わったことでマスコミからも強い批判を浴びたのだ。そこで、経産省は一計を案じた。まず、経産省はほとんど知られていなかった他省庁のファンドも同じように問題だということを記者たちに言いふらして、18年頃から官民ファンドへのマスコミや国民の関心を高めた。これを受けて会計検査院が、この問題を本格的に取り上げ、官民ファンドは問題だという指摘をした。それによって、これらのファンドをまとめてなんとかしないといけないという雰囲気が醸成された。それに乗じて、経産省は他省庁のダメファンドの受け皿として革新機構を使うという案をまとめたのだ。なぜ革新機構ならうまくいくのかの説明はない。官邸に強い影響力を持つ経産省ならではの力業だった。一方、世の中の関心を呼んだCJ機構については、性懲りもなく社長を交代させて、さらに投資を拡大するという厚顔無恥ぶりを見せている。

現役出向という奇策にNOと言った大臣

ところで最近、官民ファンドに限らず、各省庁の所管団体などへの天下りが、今までとは形を変えているのをご存じだろうか。もちろん、これまでどおりの典型的な天下りも活発に行なわれているのだが、今は「現役出向」という形をとることが増えている。これは民主党政権時代、天下り廃止の機運が高まった頃に役人が悪知恵を働かせて開拓した手段で、もともとあった団体への出向制度を天下り代替策として使うという裏技だ。そこにあるのは「役所を辞めて別の組織へ行けば天下りと批判されるから、辞めずに出向の形で行けば問題ない」という、嘘みたいに開き直った論理である。

この際、退職金は受け取らずに出向するが、出向期間中の給料は出向先の団体から支払われる。その間、身分は民間人扱いになるのだが、その後、一度役所に戻ってくると公務員の身分が復活し、そこであらためて公務員を正式に退職する。しかも、退職金を計算するときには、勤続年数として、出向していた期間も公務員として働いたとみなして計算することになっている。従って役所を辞めるときにもらう退職金が減額されることはない。もちろん、これは勝手にやっているのではなく、現役出向している期間は役所で働いていたとみなすために、わざわざ法律上の手当てがなされているのだ。自分たちの生活のためには、本当にかゆい所に手が届く対応をするのが官僚というものだ。

役所から外部の団体に出向し、約束の期間を終えたらいったん役所に戻り、すぐに退職手続きをする。現役出向の実態は、天下りと何ひとつ変わらない。

この仕組みは民主党政権時代以降に拡大の一途をたどった。

現役出向システムのカギになるのが、前述したとおり外部の団体に出向する際に、出向中公務員として働いていなかったのに、その間は公務員として働いたとみなして退職金の計算をすることができるという仕組みだ。これが法律で担保されているのだが、なんでもありというわけにはいかないので、歯止めを設けてある。それは、対象となる出向先の団体を、各省が勝手に決めるのではなく、閣議で決定すると法律で決めているのだ。これによって、総理以下の各大臣が閣議でチェックすることになる。ところが、何もかも財務省に頼るしかなかった民主党・菅直人政権は、その言いなりになって、各省庁の官僚が対象となる団体を大幅に拡大しようと出してきた案を閣議で止められなかった。全大臣が官僚の軍門に下ったのだ。

ただ、ひとりだけ例外がいた。それが、時の厚生労働大臣・長妻昭氏だ。そのときのことを長妻氏から聞いたことがあるが、厚労省の官僚は全省庁が一斉に拡大案を出すから、長妻氏も反対しないだろうと高をくくっていたのか、それとも長妻氏の見落としを期待したのか、閣議の前夜、それもかなり遅い時間帯になってこの案件を持ってきたという。すると、長妻氏が官僚の策略に気づき、「これ、おかしくないか。ちゃんと説明してほしい」となった。

きちんと内容を説明すれば、それが天下りの抜け道拡大であるのは明白。当然、長妻氏は民主党本来の天下り規制強化の方針に照らして、これを認めるわけにはいかないと、ハンコを押さなかった。

しかし、役人としては困ってしまう。ほかのすべての省庁が認めているものを、厚労省だけがNOといえば、閣議が止まってしまう。閣議決定は全会一致が基本だ。

どうにか長妻氏を懐柔しようとするが、「だったら、うちの省だけ抜いてもらえばいいだろう。それなら閣議は止まらない」と言って、長妻氏が押し切ってしまった。

果たして、実際の閣議決定を見て私は大いに驚いた。そうしたやりとりのとおり、厚労省の団体だけが法律の適用範囲から見事に抜け落ちていたのだ。

長妻さん、すごいことをやってのけたな――私は率直にそう感じたものである。

ところが、やはりこれは役人の大きな恨みを買ったようで、ほどなく大反乱が起きる。週刊誌はこぞってあることないことを書き立てて長妻氏を叩きだし、役人たちはほとんどサボタージュ状態で仕事ができない。それがまた、マスコミに大きく宣伝された。

しまいには当時の官房長官であった故・仙谷由人《せんごくよしと》氏までが登場し、長妻氏に翻意を促したようだが、彼はそれでも頑として譲らなかった。結局、次の内閣改造で長妻氏は更迭されてしまった。

ちなみにこのとき、「こういう政治家を許しては、今後示しがつかない」と、厚労省の裏で財務省が情報リークの面でバックアップしていたという話もある。とにかく大変な騒ぎだったが、役人たちはどうにかこの現役出向という奇策を守り抜いたのだった。

民主党政権時代に生まれた、もうひとつの天下り術

もうひとつ、民主党政権で生まれた出向の形がある。それは官民人事交流法を活用した〝似非官民交流〟だ。

現役出向と呼ばれる制度は、主に元公社や特殊法人、特別認可法人など（NTT東日本、西日本高速道路、日本政策投資銀行など）や民間の公益法人（日本商工会議所など）が主な対象だ。

一方、官民人事交流法は、これとはまったく異なり、民間の手法や知見を学び、いわゆる

〝お役所仕事〟から脱却する学びを得ようという目的から、純粋な民間企業への出向を認めるものである。当然のことながら、若手官僚を派遣することになるが、この場合も派遣期間は退職金の計算上公務員として働いたものとして扱われることになっている。

ただし、この制度では、若手を派遣する前提で運用されていたので、人事院の規則で、審議官・部長級以上の高齢官僚の派遣には制限が設けられ、その人が所属する役所の所管企業には出せないことになっていた。普段付き合いのない所管外の企業への派遣に限定されるため、天下りの代用としては使い勝手が悪い。そこで、天下り規制強化に対抗するために、官僚たちはこの規制を外して、所管企業に高齢幹部職員を派遣できるようにしてしまったのだ。その結果、結局は現役出向同様、天下りの抜け道の制度に成り下がってしまった。

出向中は公務員ではないので、会社側から「あなたは有用な人材だから、退職後はぜひうちに来てくださいよ」といった相談を受けるのも自由。結果、定められた期間を経て役所に戻り、しばらくして退職後にその企業に再就職するという、「2段階天下り」も可能だ。この場合は、役所の斡旋を受けたわけではないから、天下り規制に違反しないのだ。

私は現役出向や官民交流を使った役人の利権拡大のからくりを大いに問題視し、マスメディアを通して糾弾し続けていた。するとある日、国会からお呼びがかかった。当時の私は現役官僚だから、野党が参考人として招聘しようとすれば、与党は反対しにくいという事情があった。そして参議院の予算委員会で、「民主党のこの公務員政策について、どう思いますか」と野党議員から質問を受けたのだ。

そこで私は、次のように答えた。

「天下りがいけない理由はふたつ。天下りポストを維持するために、天下り先に予算が流れる。無駄な予算がつくられ、また維持される」「そして、民間企業などとの間で癒着が生まれ、企業を守るための規制が温存されたり、ひどいときは官製談合のような犯罪さえ生む」「民主党政権下では、現役出向や民間派遣を使って、天下り規制の事実上の緩和措置が堰《せき》を切ったように実施されている」

国会で現役官僚が時の政府を批判するのは前代未聞。テレビや新聞などで大々的に取り上げられたが、結局、一過性のもので終わってしまった。その後、政権が再び自民党に戻って現在に至るまで、民主党政権時代に開発された現役出向と官民人事交流法を悪用した天下りの抜け道は活用され続けている。

17年に文科省の天下りが世間的に大きな批判を浴びたことから、自民党は全省庁調査を実施し、17年12月にその結果を発表したが、あぶり出された天下り規制違反はたったの5府省庁6件しかなかった。これだけ霞が関中で天下りがまかり通っている現実があるのに、なんとも国民をバカにした話ではないか。

だが、それもそのはず。私はこの処分には、安倍政権からのメッセージが込められていたとみている。「天下りは別にいいけど、俺たちに迷惑がかかるようなやり方はするなよ」と。

現実は何も変わっていない。おそらく、各省庁の次官や官房長、秘書課長のパソコンを精査すれば、それこそ山のような証拠があがるに違いない。

急増する「凡人型」の官僚

前述したとおり、現場の官僚は、天下りを決して悪いこととは考えていない。むしろ当たり前だと思っていて、極めて優秀な人材である自分たちが、安月給で夜中まで働いているのだから、そのくらいの恩恵はあってしかるべき。もし天下りを完全撤廃すれば、誰も官僚になろうとはしなくなるだろうというのが、彼らの本音だ。消防士型はもはや絶滅危惧種となってしまった。

18年夏、山口県周防《すおう》大島町で行方不明になっていた2歳児を発見したボランティアの尾畠春夫さんが、世間から大きな注目を集め、称賛されたことがあった。本章冒頭に紹介したマリ移民のガサマ氏もそうだったが、官僚の世界もこのように、一生懸命やった人は称賛されて、「じゃあ、おまえを局長に抜擢《ばってき》だ」となればまだしも、実際にはそんな話はまったくない。自分を犠牲にして国民のために頑張っても報われないのだ。消防士型の絶滅は、自然の摂理といえる。

おそらく長期的に見れば、今後は凡人型が増えていくのではないか。なぜなら、優秀さを証明するために財務省へ行くという時代は、すでに過去の話だからだ。

昔は財務省に入り、主計局に入り、次官になったとなれば、それだけで誰もが無条件に優秀な人間と認めたものだが、今は東大法学部でも一番優秀な学生は弁護士になるか外資系コンサルティング会社を目指す。その方が優秀だとみんなが思っているし、また、お金にもなる。こうなると、中央エリート型は減少する。最近、財務省の若い役人に妙に腰の低い人が目立つのはそのためだろう。自分たちが一番優秀なわけではないと知っているのだ。

そもそも、残業に明け暮れ、政治家に忖度する姿ばかり目立つ官僚は、もはや若者たちにとって憧れの職業ではありえない。現に、若手官僚の中には、仕事のきつさと面白みのなさに落胆し、数年で辞めてしまう者が年々増えている。各省庁は、それを前提に水増しして採用しなければならない事態に陥っているほどだ。しかし、今でもそれなりのステータスはあるし、社会的な信用もまだまだ高い。何よりも、絶対に食いっぱぐれがないというメリットもある。結果として、そこに魅力を感じて入省する人、つまり、凡人型が増えていくことになるのだ。

役所に一番優秀な人材が集まらないのは大変だから、もっと待遇をよくしようと官僚たちは騒ぐ。でも、私はそうは思わない。むしろ、役所にばかり優秀な人材を集めることには反対だ。社会には大事な分野はたくさんある。全体の資源配分を考えれば、優秀な人を役所に集めるべきだというのは非常に近視眼的、かつ官尊民卑の古い考え方に毒されていると思う。優秀な人材は各分野に満遍なく行き渡らせるべきだろう。

第3章

官僚と政治家

政治家は国民に、官僚は官僚に選ばれる

第2章では官僚の性弱説を提唱したが、では政治家はどうなのかといえば、私は意外と普通の人間が多いように感じている。地元で認められるひとかどの人物というにはちょっと首をかしげたくなる人も多いが、少なくとも悪い人ばかりではなく、話してみればいいおじさん、おばさんというタイプが目立つ。

官僚と国会議員の最大の違いは、国会議員には選挙があるということ。政治家を選ぶのは国民だが、官僚を選ぶのは官僚だ。官僚は国民に対して責任を負っていない。だからこそ、役所のトップは大臣（政治家）であり、官僚はその下で働く存在と法律で決まっているのだ。

ところが、民主党政権が誕生した2009年当時、「官僚主導から政治主導へ」というスローガンが話題になったように、一般的に役所の中で政治家は大した采配を振るわず、実際の行政は官僚が動かしているというイメージが強かった。なおかつ、官僚は自分たちの利権を守ろうと懸命であるのに、政治家はそれを正そうともしないというのが、庶民のイメージなのではないだろうか。

だからこそ、「なぜ日本はこうなってしまったのか？」と国の根幹を是正する必要性が強く認識され、民主党政権が生まれたわけだが、近年はさらに図式が一転した。安倍政権では、

「政治主導」「決められる政治」を旗印にするとともに、恐怖政治で官僚の忖度を促して政治家の悪行の片棒を担がせているイメージが強い。

確かに、そういう一面もあるが、実はそれは安倍総理が非常に強い関心を持っている一部の分野でのことにすぎない。何から何まで安倍総理独裁になっているというのは、一部のメディアなどがつくった虚像だったのだ。

行政には極めて多岐にわたる仕事がある。安倍総理が関心を持っているのは、ほんのわずかな分野だ。それ以外の日常的な分野においては、官僚は案外のびのびとやっている。特に第2次安倍政権では、行政改革や公務員改革は完全に政治アジェンダから消えてしまった。これまで毎年のように厳しくチェックされていた利権絡みの予算や規制などは、まったく政権の関心の対象外だ。むしろ、「国土強靭化」などの掛け声の下に予算は使い放題というのが各省庁の官僚の実感だろう。特にラクをしているのが、国土交通省の官僚だ。この役所の幹部に聞くと、「安倍総理はいい人でしたよ」という話がしきりに聞こえてくるそうだ。この世界では、政治家をうまく利用して、官僚が事実上差配し、族議員がそこに寄生するという、昔ながらの官僚主導が続いているのだ。他省庁でも、一部の官邸マターを除けば、基本的に官僚が行政を仕切るという図式が完全に復活してしまったといってよいのではないか。第1章で述べた官邸主導と官僚主導のハイブリッド主導というのはこうした実態を表した言葉なのである。

キャリア官僚に丸投げすると……

政治家には選挙という歯止めがあるが、役所にはそれがない。だから、政治家が官僚に丸投げして放置すると、時としてとんでもないことが起きる。18年8月に明るみに出た中央省庁はじめ日本中の公的機関による障害者雇用水増し問題などは、その典型的な例だ。では、いったいどんな構造でこんなデタラメなことが起きたのか。

まず、事実関係を簡単におさらいしておこう。障害者雇用促進法により、国、自治体などの公的な機関や企業には、雇用者のうち一定の比率で障害者を雇用することが義務づけられている。その比率は18年3月の当時で公的機関が2・3％、企業が2・0％（現在は2・5％、2・2％）。公的機関は先頭に立って障害者を雇う責任があるというごく当たり前の考え方に基づいて、目標が高めに設定されているのだ。

ところが、国の33の行政機関のうち、27の行政機関で雇用数の不正水増しが行なわれていたことが発覚した。厚生労働省の発表によれば、省庁全体では約6800人の障害者が雇用されていたはずだったが、実際に働いていたのは半数の約3400人にすぎなかった。その後、自治体はもちろん、この法律を作った国会や、ルール違反を正すはずの裁判所まで水増ししていたことも明らかになった。

しかも一般の企業は法定数の障害者雇用ができなければ、不足数ひとりについて月に5万円ずつ厚労省所管の団体に「納付金」と呼ばれる一種の罰金を納めなければならないのに、国の機関などは、できなくてもお咎めがないという、あまり一般には知られていない事実が報道されると、障害者や障害者に働く場を提供していたまじめな企業から「あまりにもひどいのではないか!」という声が上がった。当然のことだろう。

水増しの背景には、いくつかの要因があるが、一番大きいのは、障害者雇用を担当するキャリア官僚がこの問題に無関心だったということだ。障害者雇用を増やしても出世につながらないので、ある意味「雑務」扱いし、現場のノンキャリア官僚に採用を任せてしまっていたというのが実態なのだ。

各省庁などの現場でどんなことが起きていたのか。リアルに推察してみるとこの問題の真相に近づくことができる。

——担当のキャリア官僚は年に1、2回、現場のノンキャリ職員から上がってくる障害者雇用についての報告を受ける。そこでは、こんな会話が交わされていたのではないか。

ノンキャリアの担当者　障害者の法定雇用の目標が達成されていません。

キャリアの上司　え? それは問題じゃないか。

担当者　去年も同じでした。前任の○○部長は、最後は仕方ないなということになりました。

上司　だけど、国の機関ができないとなったら大問題だぞ！
担当者　いえ、もうずっと前から同じですけど、大きな問題になったことはありません。
上司　でも、やる気になればなんとかなるんじゃないの？
担当者　いえ、これは大変なんです。そもそも、そんなに簡単に働ける障害者は見つからないんです。毎年いろいろ手を尽くしてますが、まず、無理なんです。
上司　そうなの？　そうかあ。それで、絶対に問題にはならないんだよな？
担当者　ほかの役所の担当者とも情報交換してますけど、みんな同じ状況です。
上司　ほかも同じ？　なんだ、じゃあ、仕方ないな。でも、できるだけ努力してくれよ。

こうして事態は放置されるのだが、時にはやたらと厳しいが実は無責任なキャリア上司が来ることもある。こんな上司は、何がなんでも目標達成しろという命令だけ出して、自分は汗をかかない。そうすると、現場では障害者とまではいえないけど、少し足が悪いみたいだから障害者とカウントしようとか、退職した障害者の名前を借りようというような、より悪質な手口を次々と開発していくことになるのだ。

キャリア上司はすぐに異動する

こうした事態を助長する構造問題に、キャリア官僚は1～2年で異動になるということがある。1年か2年で人事異動するたびに「未達成」の報告が新任のキャリア官僚に行なわれるが、再び「来年こそは目標をクリアせよ」との形だけの指示が繰り返され、あとは放置される。そんなことが何度も続いて不正な水増しが常態化したのだ。

私も実はある独立行政法人に出向し、企画・総務担当の理事として、障害者雇用の問題に直面したことがある。かなり時間がたったので記憶が定かではない部分も多いのだが、あるとき、部下から「目標未達」の報告が上がってきたので、驚いて、すぐに達成しようと動いた。しかし、実際にやってみると、採用業務はかなり難しい。

まず、私はこの分野の専門ではなかったので、ほとんど勝手がわからず、どうすればいいのか見当もつかない。地域の障害者施設のアドバイスを仰ぎ、就業希望者がこなせる仕事を準備した。例えば、近所の施設の知的障害者のなかに花の手入れに向いている人がいると聞けば、植栽を花壇にして花作りをしてもらうというような工夫をした記憶がある。外部から来る共同研究者用の宿泊施設のシーツ交換の業務や、事業所内の郵便や資料の配達業務などに障害者を採用する、というようなこともやった。それでも、私が採用できた障害者は数人というレベルだったのではないかと思う。

そして、大きな成果を出す前に就任から1年で本省に異動することになってしまった。もちろん、その間、本省の幹部との間で、この問題について話をすることは一度もなかった。彼らはなんの関心も持っていないのだ。それでも、障害者の方に元気な声でおはようございますと挨拶され、ほかの職員にも職場が明るくなりましたねと言われ一心不乱に仕事に集中している彼らの姿を見て感動しましたという声が聞けたとき、本当にうれしかった。

そのときの経験でいえば、障害者の採用業務は片手間でできるような仕事ではない。

それだけに官邸が目標達成を指示しても、短時間で雇用目標が達成できると考えるべきではない。より本格的な対策が必要なのだ。

安倍政権のパフォーマンスを見抜いた官僚たちの「逆忖度」

不正水増しの責任が官僚にあるのは確かだ。しかし、官僚を使うのは政治家である。彼らもまた、同罪だと言わざるをえない。そして、この問題が発生したのは安倍政権のときで、それをもって同政権に特有の問題として見る向きもあったが、それは違う。歴代内閣、特に自民党内閣の責任として考えるべきだ。

自民党の閣僚で、本気で障害者雇用に取り組んだ人がどれだけいたのかといえば、そんな話は聞いたことがない。

官僚の政治家への過剰な忖度が問題になっているが、逆に言えば、総理や大臣は本気で障害者雇用の目標を達成したいと考えていると官僚たちが判断すれば、彼らは細かい指示などしなくても〝忖度〟し、相当な無理をしてでも目標達成に邁進《まいしん》するということを意味する。それこそ、次官や官房長から省内に大号令がかかり、もちろん、世間に対しても堂々と言える話だから、必要があれば予算要求なども出すはずだ。財務省も総理が喜ぶと思えば、ほかの予算を削ってでも障害者雇用ための予算を増やすだろう。

しかし、実際には何が起こっていたのか。

安倍前総理が掲げた「一億総活躍社会の実現」。その中には表向きは障害者雇用の推進も含まれている。しかし、官僚は動かなかった。なぜなら、ほぼすべての官僚が「安倍総理は障害者雇用の推進については本気じゃない」と見抜いていたからだ。官僚たちは総理が本当に重要だと考えていることは何かをちゃんと推し量り、取捨選択しながら動く。だから、総理が本気でないと見抜けば、まじめにやらないという「逆忖度」とでもいうべき動きをするのだ。

内閣人事局はフル稼働させるべき

もし総理が本気で目標達成のために動くなら、こうした官僚の忖度の習性をうまく利用すればよいのだ。例えばこんなやり方も可能だ。

まず、官邸が内閣人事局を通じて、「障害者雇用を喜びと感じる官僚を担当にせよ」と各省庁の次官・官房長に指示する。前に述べたとおり、障害者雇用は簡単ではない。相当な熱意を持って取り組まなければうまくいかない仕事だ。また、障害者の数だけそろえればよいというようなやり方をすれば、必ずあちこちにひずみができて長続きする仕組みにならないだろう。障害者の立場で、誠意を持って障害者雇用を進める官僚を担当にすることが何より大切だ。このような人材を登用するために、省内および民間人材を含めてで公募をするのも手だろう。

次に、障害者雇用の目標を雇用者数だけでなく、その質、例えば雇用の難易度などでも評価することが大事だ。障害の程度が重い人を雇えば軽い人を雇うよりも高く評価するのだ。そのほかにも、被用者の満足度、一般職員の評価なども含めて総合的な評価を実施する必要がある。

さらに、毎年目標への進捗度を評価して、よい結果が出れば、担当者のボーナスや人事評価を上げる。悪い結果が出たら、担当者ではなく次官や官房長の評価を下げると内閣人事局が宣言すれば、彼ら幹部官僚は必死になって担当者を支援するはずだ。

こうした政治主導、つまり人事権を通じて官僚を「国民のため」「障害者のため」に動かすというやり方こそ、真の政治主導だ。「内閣人事局」の問題は後に触れるが（第4章）、少なくとも、こうした使い方であれば誰も「内閣人事局は悪だ」などとは言わないだろう。

このように、実際に日本の行政を動かしているのは官僚で、政治家は意外と詳細を把握していないケースは多い。

現に、民主党政権になるまでは、官僚の利権を政治家が正そうとしても、大臣でさえなかなか遂行できない実情があった。なぜ、官僚がそれほど強いのか。人事権を持つのは大臣で、局長や次官を任命するのも大臣のはずだ。〝最強官庁〟の財務省も同じ。そこでも大臣に人事権がある。

財務省が政治家に強いワケ

「官僚の中の官僚」ともいわれる財務省官僚。先述した官僚の3類型でいえば、中央エリート官僚型が圧倒的に多いのもここだ。

なぜ財務省がそれほど強い力を持っているかといえば、やはり予算についての権限を握っているからだ。予算配分に関し、「○○先生の地元の道路に、これだけ予算をつけましょう」とやれるのだから、これは大きい。

財務省の中でこれを担当しているのは主計局だ。そのため主計局長というのは、次の次官になるのが普通といわれる最有力ポストである。

ほかにも財務省の中には税の政策を担う主税局があり、ここで例えば法人税を何%減税しよう、あるいは消費税を何%引き上げようといった、税に関する大きな政策を決めている。業界ごとに税金を負ける租税特別措置や消費税の軽減税率の対象品目を決めるのもここだから、こちらも大きな力を持っている。

一方、税金を扱うといっても、実際に手を動かして徴税するのは財務省傘下の国税庁だ。実は、すべての税務署を統括するこの役所は、財務省の大きな力の源泉のひとつになっている。この国税庁の存在を、たいていの企業は恐れている。なぜなら、企業にとって最も恐いのは立ち入り調査で、税務上の不備や粗をとことん探し、へたをすれば幹部の逮捕、あるいは巨額の罰金や追徴金を払わされる。絶対に敵に回したくない相手だ。

そして、国税庁を恐れているのは企業だけではない。政治家も同様だ。

収賄事件や不正会計の報道を見ていると、政治家には悪人が多く、税金面でも皆インチキをしているという印象を受けるかもしれない。もちろん、そういう輩《やから》もいるのかもしれないが、多くの政治家は比較的まじめにやっている。

ただし、政治活動をしているとどうしても、細かな収入や支出が日常的に発生する。それらの資金の出入りは政治資金規正法などで厳しく管理されている。その面で彼らにとって一番恐いのは税務署である。税務署は立ち入り調査をする力が与えられている。税務署の立ち入り調査を受けたということになれば、政治家への悪印象も手伝って、それだけで大変なイメージダウンになる。

立ち入り調査を受けた結果、帳簿にちょっとした記載ミスがあったり、収入の記載が漏れていたり、個人で使った飲食費が交ざっていたりすれば、たちまち問題として取り上げられる恐れがある。

過少申告は決してよいことではないが、それでも普通に事業を営んでいる人であれば、誰しも起こりがちなもの。それを指摘された場合、通常はすぐに修正申告をして、必要であれば追徴課税を受けて、それで終わる。そしてそうしたやりとりがあったことは、大企業の大きな案件でなければまずマスコミに書かれることもない。

ところが政治家の場合、そうしたミスを発見されてしまったら、国税庁から財務省本省に報告が行くことになる。「この政治家に、こんな問題がありました」と。もちろん、本省はすぐにそれを表に出すことはしない。だが、その政治家が財務省に都合の悪い動きをしたときに使える大事な取引材料となる。少なくとも、すねに傷がある政治家は、みんなそう信じている。

イメージが命の政治家にとり、これはやはり恐怖だ。だから彼らは財務省とは本気でけんかをしない。本当にやましいことは何もなくても、ちょっとしたミスを週刊誌に流され、「○○議員、過少申告」などと書かれてしまうケースはよくある。一般の人は、過少申告をすなわち脱税と誤解するから、選挙前などであれば、これはまさしく命取りになる。

副大臣の屈辱。走馬灯のように駆け巡った「過少申告」の文字

民主党は与党時代、事業仕分けなどによって16兆円の財源を捻出すると豪語した。ところが、蓋を開けてみれば思うように仕分けは進まず、16兆円など夢のまた夢。焦った民主党は財源確保のために、たばこ税の増税に着手する。

当時、財務省の副大臣を務めていた民主党の某議員と、ふたりで食事をしたことがある。彼はたばこそのものを禁止せよと主張するほどの反たばこ議員でもあったから、たばこ増税には大張り切りで取り組んでいた。全国で講演をしたり、取材対応したり、関係各所に根回しをし、増税のために飛び回っていた。

するとある日、主税局の幹部がやって来て、こう言ったという。

「副大臣、ありがとうございました。おかげさまで、だいたい根回しも終わりましたし、このあたりで手じまいということにさせていただきます」

「いやいや、まだ上げられるよ。国民のウケもいいし、もうちょっと頑張るよ」

「いえ、いろいろ難しい問題もありますから、もうこのへんで」

「どうして？　税収が増えれば君たちも助かるだろう。もっとやれるよ」

「各方面への根回しも終えています。もう打ち止めということで」

堂々巡りの議論に、副大臣は妙な違和感を覚え、こう言い返した。

「いや、もう終わりと言われても、税を決めるのはわれわれ政治家だよ。最終的な判断は大臣と相談して決めるからさ」

それでも、官僚たちは「そういうわけにはいきません」「もう決まりです」と態度を崩さない。だんだん頭にきた副大臣は、「ふざけるな。俺はまだやるからな」と、彼らを追い返してしまった。

　すると次の日に、今度は主税局長がやって来たという。そしてこう言ったそうだ。

「大臣に了解を取ってきました」

「何を言っているんだ、俺が大臣に話すと言ったじゃないか。税金はわれわれ政治家の仕事だ！」

「副大臣、本気でおっしゃっているんですか？」

「いや、本気だよ。冗談でこんなこと、言わないよ」

「そうですか。どうしてもやるんですか」

「どうしてもやるよ」

「わかりました。では、私どもも本気で戦わせていただきます」

　――と、そのときの彼らの顔色を見て、副大臣は言葉を詰まらせてしまったという。この瞬間、彼の頭の中を走馬灯のように巡ったのが、「副大臣が過少申告」という記事の見出しだった。彼は、クリーンな政治家として定評があったし、本人もそこには自信があった。しかし、それでもなお財務省が本気になったら、という不安が高まってくる。

　粗探しをされれば、なんらかの申告ミスが発見される可能性は否定できない。それをリークされ、新聞や週刊誌がこぞって記事を書き立てるのではないか。そうなれば、自分の政治家生命はおしまいだ。

　にわかにパニックに陥りながら、副大臣がどうにか絞り出した言葉は、「もう、わかった。

勝手にしろ」だったという。勝手にしろとはつまり、おまえたちの好きにやればいい、という承認だ。官僚たちは、「ありがとうございました」と言って退室したそうだ。

実際のやりとりがこのとおりだったかどうかは定かではないが、少なくともこの議員の記憶にはこうしたイメージが焼きつけられていた。彼はこの顛末を私に話しながら、これほどの屈辱は人生で初めてだったと語ったものである。

税金が増えれば財務省も喜ぶだろうという考え方自体は、決して間違っていない。問題は、自民党にたばこ農家や販売店と関係の深い族議員がいて、あまりやりすぎると関係が悪化する点がひとつ。要はうまく手加減して、自民党に恩を売っておきたいという思惑が、財務省にはあったわけだ。

そしてもうひとつ、12年から生え抜きが社長になるまで、ＪＴ（日本たばこ産業）のトップは財務省ＯＢの指定席で、彼らにとって最高の天下り先だったという事実がある。給料が高く、ほぼ独占企業で安泰なＪＴは、彼らにとって非常にオイシイ天下り先だったのだ。

たばこ税をあまり上げすぎると、たばこの売り上げが減ってしまうかもしれない。すると、ＪＴの経営に大きく影響する。それは財務省にとっては困る。件《くだん》の副大臣はその点について認識が甘かったようだ。

ちなみに、財務省の政治家に対する優位性を物語るエピソードとして、私自身が体験した話も簡単に紹介しておこう。09年の民主党政権成立直後、私は、行政刷新担当大臣に就任した仙谷由人氏に補佐官就任を要請された。ところが、その発令の前日になってこの話が白紙となったのだが、その理由は、なんと財務省が仙谷氏に対して私の補佐官就任を止めるよう強力に圧力をかけ、仙谷氏はそれに負けてしまったということだった。その夜、私に電話してきた仙谷氏の秘書は、「本当に申し訳ありません。事情は言えませんが、こんな屈辱は生まれて初めてです。仙谷も同じです」と絞り出すような声で謝罪していた。「財務省は侮れないな」と、私はあらためて認識させられた。

朝食勉強会で官僚の論理に染まる政治家たち

こんなエピソードもあるくらいだから、政治家と官僚は常に緊張関係にあり、駆け引きし合っているように思われるかもしれない。しかし実態は、持ちつ持たれつの運命共同体と言ったほうがよいかもしれない。

官僚の中でも中央エリート官僚型というのは、子供の頃からずっと優秀な成績を収め、東大を出て国家公務員になった人ばかり。それに対して政治家には2世、3世も多く、また、叩き上げの議員はドブ板選挙をこなしてはい上がってきたような、秀才エリートとは程遠い人間も多い。そんな対照的な両者がなぜうまくやっていけるのかといえば、金銭的なつながりはもちろんだが、政治家が官僚の思考に染められていることが大きいと思う。永田町には、そういうプロセスが存在している。

これについては説明が必要だろう。

自民党には、政策分野ごとに（ほぼ省庁の所管別と同じ）部会と呼ばれる政策審議のための組織がある。そこでは毎日のように、朝と昼に勉強会が開催されている。

地方から出てきた1年生議員は議員宿舎に寝泊まりするから衣食住の「住」には困らないのだが、

「食」についても、夜は接待や会食などに引っ張り出されることも多く、夕食には困らないのだが、問題は朝食だ。議員宿舎には食堂もあるが、今ひとつ味気なく人気がない。かといってコンビニで済ますわけにもいかず、さてどうしようかと思ったら、豪華な朝食付きの勉強会があるという仕組みになっている。

毎朝、永田町の党本部で開かれる経済産業部会や財務金融部会などの勉強会。この勉強会で講師を務めるのは主に各省の官僚で、テーマに応じて20〜30分の講義が行なわれ、その後、政治家の質問に官僚が答えるというまじめなものだが、実は、1年生議員にとって重要なのは、そこに行けば必ず豪華なお弁当がついてくるということだ。

たいていは幕の内弁当で、温かいみそ汁と緑茶付き。あたかも旅館の朝定食のような質の高さで、宿舎の食堂やコンビニ弁当とは比べ物にならない。だから1年生議員は皆、起きて歯を磨いて着替えたら、何はともあれこの勉強会に向かう。

昼時にも部会が行なわれるが、こちらはカレーライスなどが用意されることが多い。こうした勉強会に参加さえしていれば、3度の食事には困らないわけだ。

おまけに勉強会に参加していれば、先輩たちとのコミュニケーションも取れるし、勉強熱心な姿勢もアピールできる。食事をしながら官僚がまとめた資料に目を通し、体系立った解説に耳を傾ければ、ほとんど努力しなくても、多少のことはわかるようになる。一石二鳥、三鳥、四鳥の効果がある。

こうしたことを毎日やっていると、本人が自覚しないまま、いつの間にか官僚が作り上げた理論、思考方法が知識のベースに植えつけられる。これが官僚側の狙いだ。

一応、勉強会としての機能は果たしているが、食事を目当てに通っているうちに、官僚が望んでいる政策に合わせて思考が整理されてしまう。だから例えば、2年目くらいの議員に、「日本のエネルギー政策に、原発は不要なんじゃないですか？」とでも向ければ、実にスラスラと「いや、そんなことはありません。原発がなければ、むしろこれこれこういう理由で電力料金が高くなるんです」などと、役所と同じ理屈を吐き出すようになる。

そもそも講師が役人なのだから、役所の立場に立った知識しか身につかないのは当然だろう。たまに外部から大学の講師や企業の専門家などを招くようなこともあるが、それでも役所の意向に沿った講師が呼ばれることも多いので、状況はあまり変わらない。

ちなみに私も現役官僚だった頃に、何度もこの勉強会に講師として呼ばれたことがある。しかし、これは気の進まない仕事だった。

まず、朝8時スタートだから、郊外に住んでいた私は飛び切り早起きしなければならないし、一応、国会議員のほうが官僚よりも立場が上なので遅刻もできない。唯一の楽しみは、課長職以上になるとメインテーブルに座り、お弁当が食べられるということだった。一方、最大の被害者は若手の官僚で、彼らは前日夜遅く、時には朝までかかって資料を作り、さらにその資料を早朝から運んでテーブルに並べるなどの下働きをさせられるからほとんど寝る時間がなくなる。しかも、メインテーブルには座れず、朝食にもありつけない。居眠りも許されず、どの議員がどのような発言をしていたか、つぶさにメモを取らなければいけない。

このように、自民党の部会のためには官僚の多大な犠牲が払われるのだが、こうして巧みに洗脳した議員が、国会で役所の意向どおりに動いてくれたり、地元に戻って役所の政策を宣伝してくれれば、官僚としては十分元が取れてお釣りがくるという計算が成り立つのだ。

「政策通」か「変人」かは官僚が決める

メディアを見ていると、「政策通」と呼ばれる政治家が時折登場する。では、その「政策通」を誰が決めているのかといえば、実は官僚である。

政治家を評価するのは本来、マスコミの政治部記者で、「この人は政治家として力がある」「党内でこういう影響力がある」といったイメージは、マスコミによって形づくられていくものだ。

ところが、こと政策通であるか否かという評価は官僚でなければできない。なぜなら、多くの記者には政策を正しく理解する能力が不足しているので、あの人は政策通で、この人はそうではないと自信を持って言えない。言ったとしても、それを紙面に使えるかというと、そんな主観的な意見は社内でも通らない。結局、各省庁の官僚の多くが「あの先生は優秀で、本当に政策通なんだよ」と記者に語れば、新聞に「〇〇の政策通」という枕詞が添えられてその議員の名前が登場することになる。

ただし、注意しなければならないのは、彼らが認定する政策通とは、広く政策に通じ、深い知識を身につけている人のことではない。官僚が言っていることを素直に受け入れ、おまけにそれを自分で考えたかのように自らの言葉で説得力を持って宣伝してくれる人、という意味だ。単に役所の言うことをそのまま口にしても、記者からの質問に答えられなければ、政策通ではなく「いい人」という評価止まりだ。もちろん、どれほど政治力を備えていても、それだけでは政策通とは呼ばれることはない。

官僚が「あの先生は素晴らしいよ。ぜひあの人に話を聞きに行ってみるといい」と言うなら、それは彼らにとってその政治家が最高のスポークスマンだということになる。

本来であれば、行政が掲げる政策を深く理解した上で、「でもここがおかしいよ」と指摘できる人こそが政策通と呼ばれるべきなのだが、そういうタイプの人が官僚になんと呼ばれるかというと、「変な人」だ。道理に沿った意見を言っていても、それが自分たちの意に沿わなければ、「あの先生はちょっと変わっているから気をつけたほうがいい」「あの人は頭があまりよくないんですよね。言ってることがよくわからない」などと言われる。そういうレッテルを貼ることによって、マスコミが本物の政策通の意見を聞いて役所の政策のおかしさに気づくのを防ごうとしているのだ。逆に官僚に政策通と言ってもらえれば、マスコミでの評判が高まり、その政治家にとっても大きなメリットになる。だから、なおさら政治家は「政策通」を目指すようになってしまうのだ。これもまた、政治家が官僚に育てられるということの一側面である。

政策通と呼ばれる政治家は、基本的に官僚と同じような考えを持っているわけだから、当然、役所とは良好な関係を保っている。

国会で野党からさまざまな批判を受けても、裏では官僚と国会議員が「先生、あれはひどいですよね」「そうだよな。君たちはいつも徹夜までして頑張っているのに」などと意気投合して盛り上がっている光景をよく目にしたものだ。彼らは、完全に霞が関との運命共同体に身を置いていると考えたほうがよいだろう。

国会質問デビューは官僚の演出

官僚と政治家は、国の政策をどう実現していくかという仕事を通して、さらに関係を深めていく。そのひとつが国会答弁、国会質疑だ。

国会では議員が質問をして、大臣が答えるのが通例だが、昔は大臣や副大臣・政務官などの政治家ではなく、主に局長が答えていた。「重要な問題なので局長に答弁させます」と答えた大臣がいたというほど、国会での答弁のほとんどは官僚が担当していたのだ。その後、官僚の答弁を少なくするようになったのだが、それでも、06年頃私が中小企業庁の経営支援部長をしていたときに担当した法案が非常に難解なもので、大臣などの政治家にはとても答えられない質問が多かったことから、一日の審議で100問近い質問に答えた経験がある。

今日でも、大臣以下の政治家が答えるのが原則ではあるが、あらゆる質疑に関して、議員よりも官僚のほうがはるかにプロであることがほとんどだという実態には変化がない。

国会の本会議や予算委員会の質疑などでは、各党ごとの組織である国会対策委員会（国対）からの指示で、各党議員が質問に立つ。そこで割り振りされた時間内で、各議員は質問を行なうのだ。国会質問は、国会議員にとっては最も重要な仕事だ。しかし、1年生議員などは突然法案に対して質問しろという指示を受けても、よほどの得意分野でもない限り、何を質問すればいいのかわからず、途方に暮れてしまう。

そこで役に立つのが、先述した部会などの機会に面識が生まれた官僚の名刺だ。「今度、質問をすることになったのですが、ちょっと教えてもらえませんか」と相談する。これが与党の議員であれば、すぐ課長クラスが飛んで行くし、野党なら課長補佐あたりが行くことになる。

そして、部会で教わった内容をもう一度おさらいするのだが、理解は深まっても質問となるとピンとこない。そんな状況を官僚側は心得ているから、質問すべきポイントを議員にレクチャーすることになる。彼らは法案が国会に提出された時点で、ひとつの小さな法案であっても、少なくとも200問程度の想定問答を作成していて、そんな解説ならいくらでもできる。

質問の流れをその日のうちに徹夜でまとめて質問表にして、翌朝、官僚が議員に届けに行くようなことも日常茶飯事だ。

それを見た議員は、質問や確認事項があれば再び官僚に連絡を入れて教えを請い、当日の流れまで徹底的に指南を受ける。最初は局長を相手に質問をし、そのうち政務官や副大臣が出てくるなか、最後に大臣に総括的な質問を振る。この流れや質問の答えまですべて教えてもらって、一切合財を指導してもらうのだ。

多くの若手議員にとって、初めての国会質問は晴れ舞台。だから地元から後援者を呼んで傍聴させていることも多い。地方の後援者からすると、地元の若い代議士が大臣を相手に国会で堂々とやりとりをしている姿はやはりインパクトがある。質疑の模様を写真に印刷して地元での「国会だより」などのチラシで配布するのも定番だ。うまくすると、「うちの先生、ちょっと頼りないと思っていたけど、これは大臣も夢ではないかもしれないな」とまで言われるようになる。議員としては鼻高々。世話になった官僚たちに対しては「徹夜までして、自分のために質問の準備をしてくれた。本当によく働く素晴らしい人たちだ」と、本気で官僚に感謝する議員も出てくる。もちろん、役所としては法案審議をうまく運ぶためという目的とともに、議員に恩を売って将来的に自分たちのシンパにしようという思惑もある。こうして、政と官の人間関係を通じた持ちつ持たれつの関係は、ますます深まっていくのだ。

陳情対応でわかる「デキる官僚」と「ダメ官僚」

役所に回ってくる仕事で意外と多いのが、補助金や公共事業の配分といった陳情の処理だ。これは本来の官僚の業務ではなく、どちらかといえばやってはいけないことのほうが多いのだが、この陳情対応で、「デキる官僚」とそうでない官僚は明確に区別できる。例えば典型的なのは、政治家の後援会絡みで舞い込んでくる就職の斡旋だ。

どこの役所でも、優秀な課長というのは日中机に向かっていることは少ない。企業や団体などの関係者やマスコミなどと会うために外回りをしていることが多い。そのなかでも、議員会館をぶらぶら歩くというのが、けっこう大事な仕事になっている。特に用事もないのに顔見知りの議員のところに顔を出しては、御用聞きのごとく雑談を交わして回るのだ。

もし、お目当ての議員が不在であれば、秘書に挨拶をして、名刺を1枚置いていく。それがその議員を訪ねた証拠だ。

そして、たまに議員のほうに余裕があると、それとなく近況を交換し合ったりする。

「先生、お地元のほうの景気は最近いかがですか」

「いや、全然だよ。アベノミクスもうちの地元ではさっぱりだ」

「そうですか、どこも大変ですよね」

「そうなんだよ。おかげで後援会からも、なんだかんだ面倒くさい話ばかり持ち込まれてきてさ」

――と、ここで「おっと、これは厄介なことを頼まれそうだぞ」と察して逃げてしまうのは、デキの悪い官僚だ。優秀な官僚は、すかさず「何かお困りのことでも？」と自ら話題を深追いしていく。

すると議員のほうも、「後援会長の息子が今年就職でね。○○物産なんかを受けているらしいんだけど、『先生、なんとかなりませんか』とか言ってくるんだよ。なるわけないよなあ」という返事。今どき、大物議員ならいざ知らず、普通の議員では就職の斡旋を頼んでもそう簡単にうまくいかないのは議員のほうもわかっているので、大きな期待はしないまでもダメもとで話してみようという気になるのだ。

「○○物産なら、うち（経産省）の所管ですね。ちょっと聞いてみましょうか」

「え、そんなことできるの？　それはありがたいな……でも、まずくない？」

「いやいや、大丈夫です。あそこにはよく知っている人がいるので、ちゃんと問題にならないようにやれますから」

デキる官僚というのは企業との付き合いも巧みだから、所管の有力企業としっかりネットワークを築いていることが多い。

企業側ではこうした雑用は、たいてい総務部長にお鉢が回ってくるもので、すぐに官僚から

「○○先生の後援者の息子さんが、そちらの入社試験を受けているという話なんですが……」

と電話がいく。

ただし、それですんなり裏口入社が決まる時代でもない。返ってくる答えは、「いやあ、正直な話、あまり優秀とはいえない方で、ちょっとどうにもなりません」ということがほとんどだ。だいたい、政治家に頼んでくる時点で筋悪だ。出来が悪くてどうにもならないから政治家に頼る。官僚のほうもそんなことは先刻承知だ。それでも、完全にダメとは言わない。

「先生、やはり今年は厳しいみたいです」

「そうかあ、まあ仕方がないよな」

「人気企業ですからね……で、どうします?」

「どうしますって、どうにかできるの?」

ここで官僚は、これ以上のゴリ押しをすると、企業内で現場から不満の声が出て情報が漏れ、へたをするとその議員の名が世に出てしまう危険があることなどを解説した上で、

「やってみなければわかりませんが、先生がやれということであれば、もちろん、私ももうひと押ししてみます。今申し上げたとおりちょっとリスクがありますが……」

と、答えながら、議員の顔色を見るのだ。

するとたいてい議員は、

「いや、やめておこう。いろいろ手を尽くしてくれてありがとう」と、諦める。結局は官僚のほうから、

「合否の結果を正式に伝える前に先生のほうから早めにお伝えいただいて、ほかの企業に回っていただくように指導していただけたらと思います」とする程度で終わるのだが、議員のほうも決してこの官僚に対して悪い気持ちは抱かない。むしろ、どうせ無理だと思っていたのをよく相手にしてくれたと思う。結果的には誰の望みも叶《かな》えられてはいないわけだが、親身になって対応してくれたということで、この官僚に対する議員の評価は非常に高くなる。もちろん、この議員もまた、後援会長に早めに結果を伝えることで「実は裏で動いてみた」という証拠ができる。「力不足で申し訳ありません」と言いながらも、やはりできる限りの手を尽くしたように振る舞って得点稼ぎをするのだ。

結局のところ、優秀な学生であればこうしたことにはならないから、後援者のほうもダメもとの陳情であることが多い。だから意外と逆恨みも発生せず、三方丸く収まるわけだ。

役所では、こうしたやりとりが日常的に交わされている。結果的に、議員と官僚の絆はさらに深まり、蜜月の関係が続いていくことになる。さまざまな裏情報を互いに共有したり、ほかの議員への根回しをしたり、持ちつ持たれつの運命共同体の出来上がりだ。

第4章

官僚主導、官邸主導、独裁

民主党が失敗した官邸主導

自民党議員と役人の関係が深く、一体となって霞が関を支えているのが日本の政治の構造だ。政権与党が頻繁に代わる可能性がある国では、これほどズブズブの関係は築けない。

日本でも近年、一度は民主党に政権が移ったが、基本的に霞が関では自民党の世界が続いてきたから、普通にやってさえいれば自民党は盤石の強さを維持できる。

巷ではおそらく、自民党は政権担当能力に秀でていて、旧民主党出身者を含む野党はそうした舵取りがまったくできないかのように思われているだろう。では〝政権担当能力〟とは何かといえば、これは要するに霞が関と一心同体になれているかどうかなのだ。

その点、「官僚主導から政治主導へ」をスローガンに官僚を敵視してしまった民主党には、こうした関係を築くことなど、とうてい不可能なことだった。民主党が本気で政治主導を目指すなら、政治と官僚の主従関係を徹底して敷けばいいのであって、まるで政治家独裁のように、官僚を排除しようとする必要などなかったはずだ。官僚という強力な武器を使わずに自民党と戦ってしまったことが、その後の彼らの弱体化を招いたと言っても過言ではないだろう。

こうした点も含めて、与党経験の不足ということになるわけだが、鳩山由紀夫氏などはもともと自民党にいた人だから、もう少しうまいやり方がなかったのかと思わないでもない。おそらく彼にとってミスの元となったのは、側近に通産省（現経産省）出身の松井孝治氏（元官房副長官）や、大蔵省（現財務省）出身の古川元久氏（元内閣府副大臣）がいたことだろう。官僚出身者で身近を固め、このふたりに頼りすぎてしまったのだ。

この両者は自らが経産省、財務省出身だけに、それぞれの役所とも対決姿勢を見せようとしながらも、ガチンコの戦いは避けようとしていた節があり、中途半端な立ち回りになってしまった感がある。

それよりも民主党が尽力しなければならなかったのは、官僚をいかにコントロールするか、その仕組みをつくり直すことだったはず。そして、最初の段階で経産省、財務省とは戦わないという戦略を取ったことは失敗だったと言うほかない。

特に財務省を押さえなければ、霞が関を押さえることはできない。なぜなら、官僚が自分たちの利権を守ろうとする場合、財務省が中心になって徹底的に抗戦するからだ。ほかの役所も財務省が頑張っている限りは共に抵抗するのが通例である。

2007年から08年にかけて、私が内閣審議官として、国家公務員法の改正を手がけた際にも、それを思わせる出来事にたびたび出くわした。最も激しい抵抗に遭ったのは、公務員の降格を可能にする国家公務員法の改正案を持ち出したときだ。

法案を出すには、必ず各省と協議しなければならないルールがある。そうしないと、法案を自民党内の部会や総務会の審査にかける際に他省庁の役人が自民党議員に根回しして、法案の了承を止めさせたりできるからである。最後の手段としては、閣議で大臣に反対させることもできる（実際には、そういう事態を避けるため、全省庁が了承していなければ閣議に法案をかけることができない）。この改正案には、官僚の抵抗が非常に大きく、そう簡単には各省庁の了承を得ることはできない。一方、マスコミの関心は非常に高く、政治的には、「改革法案」として重要な意味を持っていた。そこで私は、あえて全省庁を集めて説明会を行ない、意見を聞く会を開いた。それをマスコミに取材させるのだ。会議は非公開だが、だからこそマスコミはなんとかしてその内容を知ろうとする。秘密の内容だから、ニュース価値が上がるということだ。

もちろん、その会議では財務省が猛烈な反対姿勢を見せたことから、ほぼ全省庁が追随。こうなると法案は事実上、提出不可能になる。そこで、そういう状況を報道してもらうことで、霞が関を悪者に仕立てながら、自民党の議員が霞が関官僚の言うとおりに動くことを牽制していくというプロセスを取っていくわけだ。

本題に戻ると、民主党政権時代の長妻昭厚労相が、まるで仕事をさせてもらえなくなってしまったのは、こうしたマスコミの援護射撃を得る仕掛けを用意していなかったためである。財務省と厚労省は、マスコミに裏情報と称して長妻氏の悪口ばかりを流した。そのほとんどが嘘、または事実をゆがめた形で伝えるのだが、逆に官僚を攻撃するための情報を流す人がいなかったため、ワンサイドゲームで官僚側の思惑どおりの展開になっていった。そして、長妻氏が官僚たちにやられるのを見て、「あの長妻さんでさえやられてしまう」とほかの腰抜け大臣たちは完全に戦意を喪失してしまった。結局、行政は立ち行かず、途中から全面的に財務省に頼らざるをえなくなった。菅直人元総理にしても野田佳彦元総理にしても、最後は完全に財務省に洗脳されたと思われるくらいだった。挙句の果てが、野田総理（当時）の消費増税宣言とその後の総選挙での大敗、民主党政権崩壊へとつながったのである。

小泉政権と安倍政権の官邸主導

民主党の失敗と比べて対照的なのが、小泉純一郎政権（01年〜06年）だった。この政権は官僚を抑えて政治主導を徹底したように見えるが、消費税は増税しないと宣言するなど、財務省の言いなりになるわけでもなく、その一方で公務員改革には手をつけず、財務省や霞が関官僚たちを完全に敵に回すことはうまく回避していた。小泉政権の政治主導、というよりも官邸主導といったほうがよいだろうが、その手法は官邸主導と官僚主導の絶妙なバランスだったとみるべきだろう。すべてを官邸が仕切るのではなく、官邸が強い関心を持った案件については官邸が官僚を意のままに動かすが、それ以外は官僚に任せるという役割分担がうまくいっていたのだ。その点、安倍政権にもそういう役割分担があったのは前に述べたとおりだ。

集団的自衛権の行使容認などは自民党の政策という面も強いが、安倍前総理が個人的に非常に強く執着する案件だった。ただ、この案件についての進め方は、従来の自民党政権とはかなり異なっていた。このケースでは、当初から法制局が強く反対すると予想されていたため、後述するとおり（１４８ページ）、安倍氏は、法制局長官の首をすげ替えるという強引な手法に打って出た。普通の政治家ではできない芸当だ。安倍氏の独裁的な政治姿勢が非常に際立った出来事で、霞が関の多くの官僚から見れば驚天動地のことである。しかも、マスコミはこの件について、大して強い批判をしなかった。これも驚きだった。この事件は、官僚たちが安倍総理の関心事項については絶対服従の態度を示したほうが無難だ、ということに気づくきっかけになったといってもよいだろう。

一方、安倍政権を忖度するというよりも、官僚の側がそれをうまく利用するという関係も存在する。役人は基本的に、所属する省の予算が増えるので、公共事業などの〝バラマキ系〟の案件には懸命になるものだ。「国土強靱化」や「東京五輪の成功」などは、安倍政権が掲げる看板政策だったが、これは安倍氏が何も言わなくても官僚は、自ら率先して予算拡大のために「まじめに」に取り組むのである。

安倍政権になってから、バラマキ政策はとめどもなく広がり、19年度に当初予算は１００兆円を超え、20年度もコロナ予算を入れていない当初予算で19年度を超える水膨れ予算となった。19年度は消費増税名目で、20年度はコロナ対策の補正予算でさらなる大盤振る舞いになったが、これは役人にとって非常に喜ばしいことだ。その意味で、官僚からすれば安倍政権は「よく頑張った政権」ということになるのだろう。世間的には、安倍政権は強権を振りかざす独裁者的イメージが強いかもしれないが、案外官僚には評判がいいという面もある。好き勝手にやらせてもらえたという評価なのだ。

一方、安倍政権の小泉政権との最大の違いは、森友学園や加計学園の問題のように、安倍氏個人の意向を忖度する形で、本来あってはならない不正が行なわれていたことだった。

空洞化していた大臣の人事権

08年6月、福田康夫内閣は天下り規制を強化するための法律「国家公務員制度改革基本法」の改正案をまとめた。この中には「内閣人事局」創設の提案も含まれていた。

私は、同年7月に当時の行革担当相の渡辺喜美氏の強い要請に応え、内閣に置かれた国家公務員制度改革推進本部事務局で審議官を務めることになった。しかし、渡辺氏はやりすぎと言われるくらい改革に積極的であったことが逆に災いして、私が事務局入りした直後に更迭されてしまった。その後任の茂木《もてぎ》敏充氏（現外務相）も、同年9月、福田内閣から麻生内閣に代わったのに伴い退任、その後、麻生太郎内閣の甘利明公務員改革担当相（現税制調査会長）の下でようやく国家公務員法の大々的な改正法案の作成が本格化した。そういうこともあり、内閣人事局の創設は当初予定されていた時期から遅れが生じ、さらには09年の民主党政権への交代でこの構想はいったん頓挫した。しかし、第2次安倍政権発足によりこの法案が息を吹き返し、かなりの骨抜きがあったものの、14年4月に成立した。

この法律改正に伴い創設された内閣人事局は、国家公務員の人事管理に関する戦略的中枢機能を担う組織として、関連する制度の企画立案、方針決定、運用を一体的に担う機関である。といってもピンとこないかもしれないが、具体的な業務として一番重要なのは、各省の幹部人事の一元管理を行なうということである。

国家公務員法という法律には、官僚の人事権は大臣にあると書いてある。これは、昔から決まっていることだ。ところが実際は、各省の次官が決めて、大臣がこれをそのまま承認するというのが実態だった。

もしそこで承認を拒もうものなら、通常1年くらいしかない大臣任期の途中で官僚たちの総攻撃を受け、サボタージュで何もできずに任期を終えるか、悪くすれば罠にはまって任期途中で更迭などという事態も考えられる。それを恐れる大臣たちは、誰も官僚側の希望に異を唱えようとせず、実態として人事権の所在は事務次官にあるということになっていた。

こうしたパワーバランスの下では、大臣が自由に采配を振るうことができるはずがない。実際、退任後の元大臣が新聞などで、「あの案件は官僚の抵抗に遭って実現できなかった」などと公然と発言していたりする。官僚のクビをすげ替える権限を持っていながらおかしなことだが、それが現実なのだ。

閣僚による人事権の空洞化が特に問題になるのは、内閣が国民のために無駄な予算を削ったり、おかしな規制を廃止しようとする際に、官僚たちの利権とぶつかるときだ。とりわけ、官僚たちが聖域化する天下り利権に影響が及ぶようなときは、大臣が命令しても官僚はサボタージュして、なかなか言うことを聞かない。そんなときの最後の切り札が人事権だ。言うことを聞かない局長、場合によっては次官でさえ、やる気になれば大臣はクビをすげ替えることができる。しかし、それをやると大臣自身の立場も危うくなる。そこで、そういう大きな改革には手を出さないのだ。

時には、人事権を振りかざして官僚に立ち向かおうとする大臣もいるが、たいていの場合は、官僚側が自民党の大物議員などに手を回して、その動きを止めるということが行なわれる。場合によっては、総理に止められてしまうことさえあった。これは自民党に限ったことではない。民主党政権時代に長妻氏が天下り拡大を止めようとして、官房長官の仙谷由人氏にはしごを外されて更迭された話は第3章で紹介したとおりだ。

内閣人事局をめぐる官僚との大バトル

こうした事態をなんとか変えようというのが、官僚人事、とりわけ幹部人事を総理大臣の責任下に置くという法律の改正だった。官邸に内閣人事局をつくり、幹部人事については総理大臣、官房長官、担当大臣の三者が事前に協議する（任免協議）ことを法案に明記したのだ。

内閣人事局は常に官僚のスクリーニングをし、また、評価も下すことを法律で定める。こうなると、総理としてはどこかの役所に責任を押しつけることはできない。官僚の抵抗で改革ができなければ、担当の役所の大臣だけの責任にとどまらず、総理の責任が問われる。各省の幹部人事について、責任を持って承認するのは総理自身だからだ。

ちなみに、09年に内閣人事局を創設する法案を国会に提出する際、私はほかにも重要な改革案を盛り込んだ。例えば、幹部職員などに民間からの公募制を導入し、その目標数を決めることにしたり、特に問題行為がなくてもほかにより優秀な者がいる場合に、局長をワンランク降任させて交代させたりできる制度の導入を盛り込んだりした。もちろん、財務省をはじめとする官僚の抵抗はすさまじかった。

また、内閣人事局のトップを政治家がやるか官僚ないしそのOBがやるかについても、大バトルが繰り広げられた。もちろん、官僚たちは気心が知れた官僚OBをそのポストに就けようと、関係する政治家に猛烈なアピールをした。その勢いに押された自民党の政治家は、改革派として売っていても徐々におとなしくなり、最後まで戦い抜いたのは中川秀直、塩崎恭久、河野太郎各氏など、その数は片手にも満たないくらいで、そのほかの議員は、最後は会議に来なくなってしまったのを覚えている。つまりは、そのくらい官僚の総攻撃が恐かったわけだ。結局、人事局のトップを政官どちらが握るかについては、中途半端な条文で終わってしまった。

官僚支配のために繰り出した秘策

前述したとおり、09年の国家公務員法改正案は結局廃案になってしまった。その後、「脱官僚主導」「政治主導」をキャッチフレーズとした民主党政権でも、公務員改革は進むどころか大きく後退したことは、第3章でも述べたとおりだ。連合傘下の公務員の組合が反対するので、公務員改革は、民主党政権下ではまったくできなかったのである。官僚がいかに政治に対して優位にあるかをあらためて実感させられる出来事だったが、これが12年末、第2次安倍政権になって大きく変わった。

政権に返り咲いた安倍氏は、国家公務員法改正に取り組む姿勢を見せた。しかし、後にも述べるとおり、彼の目指す公務員改革は、「官僚を国民のために働かせる」という本来の目的とはまったく異なる——「安倍晋三のために官僚を働かせる」——方向へと進んでしまった。彼の官僚に対するそうした姿勢は、国家公務員法を改正して内閣人事局をつくるはるか前に、とんでもない形で明らかになった。それは13年8月に実施した内閣法制局長官人事だ。

法制局は内閣全体の法律や政令を審査し、憲法に反していないか、ほかの法律と齟齬《そご》がないかをチェックする機関だ。その法制局は、一貫して「集団的自衛権は違憲だ」と言い続けてきた。

基本的に、法制局がOKを出さなければ内閣として法律は出せない。政権がいくら集団的自衛権を認めたくても、法制局が首を縦に振らない限り内閣として法案を提出できないのだ。だから、これまでの霞が関の常識では安倍内閣が「では、解釈を変えます」と言ったところで、法制局はこれを認めるはずがないということになる。

法制局幹部にはプロパーの役人はほとんど存在せず、各省から出向してきた人材で運営されている。法律の知識に長けた見込みある人材が法制局にやって来て、課長級の参事官というポストを務め、その中で特に優秀な者がやがて部長に昇格し、さらにその中でひときわ有能と評価された人が、法制局次長に、そして最後に法制局長官に昇り詰めるという仕組みだ。そこで働いているのは、ほかの役所と同じ一般の公務員だが、彼らはその中でも特に中立性を要求され、利権や政治的圧力で理屈を曲げることはしないという不文律があった。それゆえ、ほかの省庁の官僚たちからも一目置かれる存在で、一種の聖域を形成していた。そして、霞が関におけるその特別な位置づけゆえに、政治家もその立場を尊重するというのが暗黙の了解だった。

しかし、安倍氏はそうした慣習を一切無視する暴挙に出た。集団的自衛権に異を唱える山本庸幸《つねゆき》法制局長官をクビにして、外務省で「集団的自衛権は合憲だ」と主張してはばからない、外交官の故・小松一郎氏をそのポストに置いたのだ。

念のために言っておくと、これは法律的には合法である。総理にはそうした権限がある。決して違法ではないのだ。しかし、これほどあからさまに政権が、中立性が命である法制局という役所に介入し時の総理の主張の「言いなり」になる人材を登用するというのは、政治倫理に反している。これは私としても衝撃的な人事だった。

巷では、内閣人事局をつくったことで、政治家が官僚を支配できるようになったと言われるが、私はそれはまったくの勘違いだと思う。実際には、公務員の人事はすべて政治家が行なう権限があるというのが、国家公務員法上、昔から認められたルールなのである。政治家は、最初からとてつもない強権を持っていたわけだ。ただ、その強権を歴代内閣は抑制的に行使してきた。しかし安倍氏は、与えられた権限を最大限、なんのためらいもなく〝自分のために〟行使することによって、官僚に対する自らの優位性を誇示してみせた。

ただし、安倍氏には抜け目のないところもあった。前任の法制局長官をその後、最高裁の判事に任命したことで、いわば出世した形をつくり、恨みを買うことのないようにするとともに、世間に対してもクビにしたのではなく栄転させたのだ、という言い訳ができるようにしたのだ。

国民の審判を受けない官僚が政治家より強権を振るうようでは、日本の民主主義は道を誤る。その意味では、政治主導という本来あるべき姿に安倍氏が戻したと言うことも可能だ。

一方、こうした安倍総理の強権発動に加え内閣人事局ができたことで、非常にわかりやすい形で官僚に対する安倍支配の構図が示された。従来の官僚主導を前提として、これを改善するためにできた内閣人事局の仕組みは、想定外の独裁的政治家の登場で、放置しておくと悪用されかねない事態に陥っていた。こうなると、権力が適正に行使されるためのなんらかの歯止めが必要なフェーズに来ているのかもしれない。
石破《いしば》茂氏は内閣人事局について、「第三者機関を設けて、（人事の正当性を）審査させる」といった発言をしていたが、その是非はともかく、そうした具体的議論を始める時期に来ていることは確かだと思う。

安倍前総理が必要としたのは「自分のための官僚機構」だった

前述したとおり、私が作った09年の国家公務員法改正案には、各省庁が、幹部職員の登用に公募制を導入することを義務づけるという条文が入っていた。さらに、公募ポストの数も目標として掲げさせることも盛り込んだ。もちろん、公募だから官僚が応募してもよい。応募した官民の人材の中から最適任者を選ぶのだ。このような仕組みを導入する狙いを説明しよう。

例えば10の幹部ポストのうちの5つを民間人とするなどの数値目標を決めて、これを実施する。すると、どうしてほかのポストは公募にしないのかを役所は説明せざるをえなくなるが、それは非常に困難なことだ。また、公募しても結果的に官僚が選ばれた場合などに、なぜ民間人でなく官僚を選んだのかについても説明責任が生じる。これによって、真に有能な人材が官民問わずに幹部公務員に採用されることになる。民間人が幹部に複数登用されれば、従来のお役所仕事の見直しにつながる可能性が高い。また、民間で活躍した人材なら局長を辞めた後に天下りなどに頼る必要はなく、自力で民間に就職するだろうから、政治的な圧力に負けることもないし、役所の利権のためにおかしなことをする必要もなくなる。そういう人が上層部に複数いれば、ほかの官僚たちも、おかしなことができなくなる。民間人の登用と言うと、お役所仕事の効率化や民間の知恵の活用のためというワンパターンのイメージがあるが、実は「真に国民のために働く官僚をつくっていく」ための重要な方策でもあるのだ。

もちろん、これでは、役所の利権にあぐらをかいている現在の幹部官僚たちには都合が悪い。だから、こうした改革を進めるには時の総理の不退転の覚悟が必要になるのだが、安倍氏がそれを目指す気配は一向になかった。なぜなら、彼が必要としていたのは国民のために働く官僚機構ではなく、自分個人のために働く官僚機構だったからだ。その証拠に、14年に安倍政権が提出した国家公務員法改正案からは、公募制や幹部官僚の事実上の降任制度などの重要な改革案はすっぽり抜け落ちていた。

内閣人事局は官僚たちに政権との力関係を示すシンボル

安倍氏は、法制局長官のクビをすげ替えてその強権政治を印象づけ、さらに国家公務員法改正では、内閣人事局という総理の人事権強化をイメージさせる制度だけはしっかり盛り込んで、官僚たちにその意思を示した。

政治主導は間違いではない。しかし、そこには「政治が国民のために動く」という大前提がある。それが確保されていれば、政治主導が強化されることになんの問題もない。

問題は、民主主義の下、選挙で選ばれているはずの安倍政権が、実際には国民の4分の1程度の支持で政権を牛耳り、その強い権力を国民のためにではなく自己のために振るったということだ。その根本のところをどうにかしないと、内閣人事局を廃止したり、多少手を加えたりしても、現在の状況に大きな変化は生じないはずだ。

官僚の劣化に見る「独裁政権」誕生のリスク

官僚には能力の高い人がたくさんいる。普通の官僚なら良心も持ち合わせているだろう。正義感も不正と闘う勇気もあるはずだ。

しかし、彼らの良心、正義感、勇気すべてが劣化していると感じるのは私だけだろうか。

ここまで解説してきた各省庁のあまりにもひどすぎる不祥事と推測されるその原因を考えるとき、どうも日本には「独裁政権」が誕生しつつあるのではないかという、やや信じられないような疑念に突き当たる。

安倍氏が意図していたかどうかにかかわらず、政権と官僚のいい意味での緊張感、牽制関係が失われ、安倍政権が一方的に優位に立つ構造が成立してしまったことによって、ほとんどすべての官僚たちに良心を放棄させ、正義感を忘れさせ、政権の過ちを指摘する勇気も失わせてしまったように見える。大きなスキャンダルが結局はうやむやにされ、一時的に支持率に影響を与えても、時間がたつと回復する。今度こそ終わりだなと思った政権の危機もなぜか最後は何事もなかったかのように乗り越えてしまう。最近では、スキャンダルが出ても、またかという反応のほうが強くなり、どうせ一時的な騒ぎで終わるだろうと多くの人たちが思ってしまう。いわば、スキャンダル不感症が蔓延しつつある。これが続くとどうなるのか。

スキャンダルのたびに、官僚たちは安倍政権の強大さを繰り返し思い知らされてきた。来年の人事も安倍政権の下で行なわれるかもしれないと考えていたであろう。そう考えると、安倍氏の歓心を買うためにその意向を忖度して不正まで行なうしかない。不正を正そうとすることは身を滅ぼすことになると考えて、見て見ぬふりをする。そして、総理が関心を持たない大部分の行政分野では、せっせと自分たちの利権拡大に励む。

これを放置すれば、この国の行政は停滞ではなく後退し、腐敗はその極に達していたはずだ。

菅政権で官僚組織の再生はできるのか

安倍政権の下で崩壊の危機に陥った日本の官僚機構だったが、安倍氏は体調不良で退陣し、その後を菅義偉新総理が継いだ。

これで、これまでの問題がいったんリセットされて本来あるべき政官の役割分担が形成される、そう期待したいところだ。まだ成立したばかりの菅政権だから、今後の政官のあり方が大きく変わるかは未知数。とはいえ、少なくとも菅総理が官僚に向かって「襟を正そう」「正しいと思ったことはなんでも進言するように」などと訓示しても、ほとんど意味がないことは確かだ。

菅新総理にはこの面でいくつかのハンディキャップがある。第1に、彼が提唱した「ふるさと納税」の拡充策に異論を唱えた総務省の担当局長が「出世コース」を外されたことや、第1次安倍政権で総務相を務めたときにNHKの受信料引き下げなどをめぐり、国会会期中に法案とりまとめの担当者を代えたことなどが、菅氏の「人事に介入する政治家」としてのイメージを強くしていることだ。第2のハンデは、菅氏自身が安倍前総理同様、あるいはそれ以上に「官僚支配」を実際に行なってきた張本人である上に、「安倍政権の継承」を強く打ち出しているため、官僚の多くは安倍政権のような官僚支配が続くのだろうと思い込んでしまう。そうなれば、菅氏が希望するか否かにかかわらず、官僚は今までのやり方を変えず、菅氏に対して過剰な忖度に走ることになる。いくら菅氏が「なんでも自由に意見を言ってくれ」と言っても誰もそれを文字どおりには受け取らず、従来の行動が続くのだ。その結果、安倍政権の官僚機構の大問題もそのまま「継承」されることになる。

では、どうしたら、官僚が本来あるべき政策論を自由に提言し、おかしいと思ったら臆せずにそう進言し、不正を見たらそれを糺《ただ》そうとすることができるようになるのだろうか。おそらく最も大事なことは、菅氏が人の意見に謙虚に耳を傾ける政治家であること、そして、正義と公正を強く求めるリーダーであることを明確に示すことだろう。もちろん、単に口で言うだけでなく行動で示すことが必要だ。

例えば、政権への忖度により公文書改ざんという不祥事まで生んでしまった森友学園問題について、新たに公正な第三者機関による再調査を命じ、事実関係を解明して政治家の責任を明確にする。それと共に、なぜ不当な忖度が生じたのかの原因を究明して、同じ過ちが繰り返されないようにするための提言を求めるというようなことができれば「そこまでやるのか」と官僚もこれまでのやり方を変えることにつながるだろう。

残念ながら、菅氏は自民党総裁選立候補の会見などで森友問題についての再調査を否定してしまった。その理由は、「森友問題については財務省で調査、処分が行なわれ、検察の捜査も行なわれている。結論はすでに出ている」というものだ。私が特に注目したのは、「検察の捜査で起訴されていない」ということをことさら引き合いに出したことだ。これは、「捕まらなければよい」という安倍前総理の倫理観まで引き継いだことを示すのではないだろうか。

こうしてみると菅氏は、総理就任前に忖度政治を是正するせっかくのチャンスをふいにしてしまったようだ。彼の意図がどうであれ、官僚たちは「安倍政権と同様、政権に都合の悪いことは隠し通せ」というメッセージだと受け止めたのではないか。もちろん、検察も「再捜査はご法度だ」と理解したはずだ。

このまま軌道修正がなされなければ、忖度の蔓延はさらに深刻化し、見えないところで不正が横行する。日本の官僚機構の危機は解消されるどころかさらに深刻化するかもしれない。

第5章

森友と加計

忖度への報酬と、その犠牲者

なぜ今、「森友」と「加計」なのか？

森友学園問題と加計学園問題。安倍政権時代に世間を騒がせ、内閣支持率が大きく下がるほどの影響を与えた大問題だ。ただ、菅新政権が誕生した今、ことさらこれらの「過去」の「事件」を1章を立ててまで大きく取り上げて解説する意味があるのかという疑問を持つ方がいるかもしれない。そこで、私がどうしてこれらの問題を取り扱うのかについて少し説明しておこう。

まず、菅義偉総理は、安倍前総理の政治を引き継ぐと宣言している。早くから、森友事件の再調査は行なわない方針も示し、その理由として検察の捜査が終わっていることを挙げた。それは、菅総理が「捕まらなければよい」という安倍氏の独特の倫理規範を引き継いでいることを示しているようにみえる。さらに、菅総理は、安倍氏とともに「官僚支配」の仕組みを築いてきた張本人であり、官僚たちはそのことを強く認識している。そうだとすると、安倍政権のときに顕著となった「過剰な忖度」をはじめとした官僚組織の問題は、仮にそれが安倍政権特有のものだったとしても、菅政権でも結果的に引き継がれてしまう可能性が高いということになる。それゆえ、安倍政権の官僚問題の象徴ともいえる森友・加計というふたつの「事件」をあらためて問い直してみることは、今後の菅政権の行く末を見通すためにも重要なことだと考えるのは自然なことだ。

「官僚の会話」 迫田理財局長と総理秘書官

さて、今の説明にも出てきた「忖度」という言葉は、森友問題以降に世の中の関心を集めるようになった。確かに、この言葉は今日の官僚の問題を議論する上でのキーワードである。一方、森友問題の事実関係などについてはあふれるほど報道がある。そこで本書では、一般的な解説は割愛して、官僚がどんな心理状態で安倍氏や官邸の意向を忖度する言動を取ったのかに焦点を当て、直感的に把握しやすいよう〝会話形式〟で表現してみた。もちろん、個々の官僚が考えたことは、結局は本人に聞いてみなければわからないし、聞いたところで本当のことは話してもらえないだろう。しかし、私の30年の官僚の経験から推測した〝ストーリー〟を仮説として提示することは、官僚の心理、思考、人間関係、さらには文化と掟について理解することに役立つのではないかと思う。

森友問題では、安倍昭恵総理夫人が関与したときから、急に土地の安値売却の話が進んだという事実がある。その契機となったのが、昭恵夫人と籠池泰典《かごいけやすのり》森友学園前理事長、妻・諄子《じゅんこ》氏の3人が一緒に写っている写真を、籠池氏側が近畿財務局に見せたことだといわれる。その後、籠池氏の言葉によれば、「神風」が吹いた。しかし、写真を見ただけで財務省が動くことはない。その程度のことはよくあるだろうし、それだけで不正を行なっていたら財務行政は違法行為だらけになってしまうからだ。そこで、近畿財務局から報告を受けた財務本省としては、昭恵夫人や安倍氏の関与の程度、その意向の強さなどをまず確認してから動くことになる。その場合、重要な役割を果たしたのは総理秘書官、とりわけ経産省出身ではあるが、政務の秘書官として安倍氏個人の問題や総理夫人関連の諸事まで担当した今井尚哉総理秘書官だった。もちろん、財務省案件だから財務省出身の秘書官に問い合わせた可能性もあるが、その場合も今井秘書官に確認しないことは考えにくい。それが直接の問い合わせだったか間接の問い合わせだったかも不明だが、ここでは官邸で最も力を持つといわれた今井氏に、当時の理財局長であった迫田英典氏が電話で問い合わせをしたと仮定して、その会話を想像してみた（これはあくまで、官僚の世界の文化と掟を理解していただくための架空の会話だ。実際にこのような会話がされたということではない。以下同）

総理夫人の関与についての確認のための会話（電話で）

理財局長　ひとつ確認したいことがありまして。大阪の森友学園の籠池さんという方から国有地を売ってほしいという話があり、先方によると、総理夫人が深く関わっているそうです。それが本当なのかどうか、どこまで配慮すればいいのか。お聞きしようと思いまして。

秘書官　ちょっと調べてみます。

（後日電話で）

秘書官　状況がわかりました。総理夫人がずいぶんのめり込んでるみたいですね。総理も応援してるようです。できればなんとかしてやりたいですけど。難しいんですか。

理財局長　かなり難しい状況です。

秘書官　局長は総理と同郷ですよね。それで、ご夫人もなんだか期待しちゃってるみたいなんですよ。でも、できないことをやれとは言えないですよね。総理もご夫人もかなりがっかりはするでしょうけどね。機嫌悪くなるだろうな。最近ストレスたまってるみたいですからね。まあ、でも、仕方ないんじゃないですか。

理財局長　わかりました。総理ご夫妻にご迷惑にならない範囲で、しっかり対応させていただきます。

秘書官　局長がものすごく頑張ってると総理には伝えておきます。夏の人事ももうすぐですからね。でも、くれぐれも無理はしないでくださいよ！

ここで重要なのは、有能な秘書官は自分から頼む形は取らないということだ。それで総理に迷惑がかかったら大変だから細心の注意を払う。あくまで、財務省の側が、「勝手に」動いたという形にするのだ。

秘書官にこのように言われると、理財局長は総理夫妻の期待がかかる案件であると理解して、それならなんとか実現しようと考えるのは不思議なことではない。もちろん、おかしなことをするとしても、それは絶対にばれないようにやればよいと考えたのだろう。また、財務省としては消費増税を実現するために、できることならいろいろなことで安倍総理に恩を売っておきたいという思惑もある。理財局は税の担当ではないが、財務省全体の悲願である消費税増税のために少しでも貢献できれば、次官は喜ぶ、理財局長としても自らの出世にもつながるという計算も成り立つというわけだ。

「官僚の会話」 佐川理財局長と事務次官

2016年に迫田理財局長の後任となった佐川宣寿氏は、着任してすぐに森友の土地が安値で売却された件に気づいたはずだ。その路線を敷いたのは迫田氏であるから、佐川氏は当初はいわばフリーハンドの立場だった。おかしいと気づいた段階で、これを白紙に戻すという選択肢もあったはずだ。しかし、結果的に彼は前任者の敷いたレールの上をそのまま走り続けた。こうした場合、万一のときのためにリスクヘッジをかけるのが官僚の習性である。理財局長としては、当時の事務方トップの佐藤慎一事務次官に相談するというのが順当だろう。

そこでこのふたりの間で交わされた会話を想像してみた。佐藤次官は、佐川氏が理財局長になるのと同日付で主税局長から事務次官に就任している。従って、森友の件については知らなかったかもしれないが、これは〝総理案件〟だ。前任の次官から引き継いだり、着任後、本件について別ルートで話を聞いていた可能性は高い。少なくとも、文書改ざんのかなり前の段階でこの問題について知っていただろう。だとしても決して知っているとは言わないのが官僚だが。

（次官室で）

理財局長　ご存じかとは思いますが、総理案件のあの件、かなりまずいことになってまして。

事務次官　（とぼけながら）うん？　どうしたんだね？

理財局長　国会で言われているとおり、背任になりかねないような安値で販売しまして、その関連文書はすべて廃棄させたつもりだったのですが、実は決裁文書に総理夫人の名前が載っていたんです。

事務次官　（驚いた顔で）　おいおい、決裁文書に総理夫人の名前って、君、そんなことありえんだろう。政権が揺らぐ話だぞ！

理財局長　（暗い顔で）おっしゃるとおりです。

事務次官　（しばらく考えて）　これは君の局の大チョンボだな。君自身のせいではないが……。それで、どうするんだ？

理財局長　（思い切ったように）　はい、決裁文書を多少書き換えるしかないと思います。

次官　（怒りながら）そんなこと俺に相談しに来たのか⁉

理財局長　決裁文書の付属文書に間違いや誤解を招きかねない表現があったので、それを修正したということで対応します。

事務次官　文書を見てないから俺にはなんとも言えないが（局長が文書を見せようとするのを手で遮りながら）、とにかく君の局の問題だ。君が責任を持って処理してくれ。

理財局長　（覚悟を決めて）こちらの責任でやらせていただきます。次官は何も知らなかったということで。

事務次官　（優しい笑みを浮かべて満足そうに）君は「ワル」だからな。頼りにしてるぞ！

こうして、次官は自分の責任を逃れるのだが、一方で局長は次官に恩を売ることで次の栄転の可能性を高める。もちろん、この取引には証人もいないし文書も残らないから、なんの保証もないが、それでも、次官は局長に対して義理ないし、借りがあるという関係になるのだ。

自ら公文書改ざんまでして総理夫妻を守ろうとした佐川氏は、その頑張りのかいあって、17年夏の人事でめでたく国税庁長官に栄転した。安倍総理、そして次官に対する忖度の報酬はしっかりと支払われたわけである。

「官僚の会話」 佐川理財局長と総理秘書官

本来、役所の幹部人事は次官が仕切るものだ。従って、佐川氏としては次官との間で取引を成立させれば、それ以上の保険をかける必要はない。

しかし安倍政権では、総理やその側近に人事でどういう横やりを入れられるかわからないという不安があった。佐川氏は、主計局時代に経産省を担当したこともある。安倍氏の総理秘書官だった今井氏とは霞が関に入った年次も同じ82年組だ。私が課長補佐時代に経産省の予算を担当する会計課の筆頭課長補佐（経産省では法令審査委員と呼ぶ）を務めていたときの経験では、経産省と財務省の同期のエリート官僚たちは、日頃から懇親会と称してあちこちの料亭で飲み会をやっている。そんなこともあり、佐川氏と今井氏はお互いよく知っている仲だったと推測される。そんな佐川氏は、次官だけではなく今井秘書官にも保険をかけるため（うまくいけば今井秘書官に恩を着せることができるかもしれないという思惑もあり）、彼にこんな話を持ちかけたかもしれない。

（電話での会話）

理財局長　ご存じかとは思いますが、総理ご夫妻のためということでかなり無理をしてしまいました。文書は廃棄させたんですが、決裁文書に昭恵夫人の名前が残っていまして。削除するしかないかなと思いますが、念のためお知らせしておきます。

秘書官 どうして、そんなことをいちいち連絡するんですか。それは理財局の問題でしょ。予算を通すのは財務省の仕事ですよ。とにかく、予算が滞りなく成立するようにしてくださいよ。万一、森友で審議ストップなんてことになったらあなたの進退問題ですよ。これは官邸の問題ではなくて、おたくの問題ですからね。勘違いしないでください。責任はすべてそっちにあるんですからね。リスクヘッジしようなんて考えているとしたら大間違いですよ。

理財局長 もちろん、それは重々承知してます。失礼しました。

ここまではっきりしたやりとりにはならないとしても、局長はなんとかリスクヘッジしようとし、秘書官はそれを避けようとするというのは、官僚の行動様式としてはごく自然なことだ。

森友文書改ざん発覚と職員自殺で追い詰められた佐川氏の心境

18年3月12日、財務省はついに近畿財務局の森友学園問題の決裁文書〝改ざん〟を認めた。朝日新聞が書き換えた疑いがあるとスクープを報じたのは3月2日。それから1週間後の9日、近畿財務局の森友問題担当部局の職員（赤木俊夫さん）が自殺したことが報じられた。亡くなったのはその2日前だったという。

実は、かねてから森友問題を追っていたマスコミ関係者の間では、佐川氏、あるいは決裁文書の改ざん問題や国有地値下げの核心を知る職員が、いずれ〝自殺〟するのではないかという懸念の声があった。現に過去の疑獄事件でもそうしたことはよくあった。本件で、最も恐れられていたことが現実のものとなったのだ。

その9日、佐川宣寿国税庁長官が辞任した。森友問題に関連した国会対応に丁寧さを欠き審議の混乱を招いたこと、行政文書の管理状況についてさまざまな指摘を受けていること、今回取り沙汰されている文書の提出時の担当局長だったことの3つの責任を感じて辞職を申し出たという。赤木さんの自殺は、理由の中には含まれていなかった。

辞職自体は遅すぎた感もあるが、佐川氏はそれ以前から辞職を申し出ていたという報道もあった。おそらく、辞めたくても辞められなかったのではないだろうか。

安倍氏も麻生財務相も口をそろえて、森友学園への土地売却には問題がないと強弁し続け、佐川氏の国税庁長官昇格人事を「適材適所」だと繰り返し答えた。最高権力者と自分の組織のトップが国会でそう言うのだから、佐川氏は森友問題に不正があったとは言えないし、自分の仕事ぶりがまずかったとも言えない。つまり、辞める理由が見つからなかったのだ。あえて理由を職務以外で探せば、健康上の理由くらいだが、それでは仕事ができないほど体が悪いということになり、しばらくは天下りができなくなる。

それでも、当初はそのうち世間も静かになるという期待も持っていただろう。しかし、事態はどんどん悪化していく。これだけ長期にわたり世間の注目を浴び、悪人扱いをされ続ければ、自身の家族にも申し訳ないという気持ちになったのだろう。さすがに「もういいかげん、辞めさせてくれ」という気持ちになっていたのではないか。

それに、これ以上居座ると自分が損をするような事態も生じうる。過去の答弁が虚偽だったという動かぬ証拠が出てくれば、退職できても退職金をもらえなかったり減額されたりするかもしれない（退職後でも、後で問題が出てくれば、退職金の一部返納などの措置は取れることになっているが、辞めてしまえば不問に付される可能性は高い）。早めに辞めて、退職金をもらい、さっさと天下りしてしまいたい。そう考えていたのではないだろうか。

佐川氏は、近畿財務局職員自殺について「（9日の）ニュースで知った」とコメントしていたが、そんなことはありえないのではないか。直接かどうかはともかく、なんらかの形でその話は知っていたとみるのが妥当だろう。

それまで世間からは針のムシロ状態だったものの、財務省の中では、佐川氏に同情する声もあったし、ぶれない態度に称賛の声さえ上がっていたといわれるが、同じ省内で自殺者が出たとあっては、さすがの佐川氏も心理的に相当なダメージを受けたはずだ。これ以上、職にとどまるのは無理だ。そう思って自ら辞職を申し出たのか。あるいは安倍氏と麻生氏が改ざん問題で追い詰められて、このままだと佐川氏を参考人として国会に呼び出さなければならなくなる。

そのことを懸念して、あのタイミングで辞職させたのか。あるいは、両者の思惑が一致したということなのかもしれない。

ただし、安倍政権の意向は相当強く働いたと思われる。なぜなら、辞職すれば佐川氏はそのときから民間人だ。国会に呼ばれても拒否することができる。忙しいとか体調が悪いと言えば、なんの問題もない。証人喚問されれば拒否できないが、民間人を呼ぶにはハードルが高いのだ。

当時はまだ検察の捜査が続いていたが、司法当局に居所を登録しておけば、どこかに雲隠れしても問題にはならない。マスコミの目から逃れることも可能だ。前年に、昭恵夫人の関与の証拠を握るとされた首相夫人付政府職員・谷査恵子氏を在イタリア大使館に異動させたのと同様に、安倍氏やその側近たちは、この時点でなんとか佐川氏の存在を目立たなくしたいと考えた結果、あの時点での辞任という決断に至ったのであろう（ちなみに、谷氏は20年8月に経産省本省に〝帰還〟している）。

赤木さんが「殺された」と考えるわけ

赤木さんの自殺の原因は、単にうつ病が高じてということではない。近畿財務局と検察はそのようなストーリーにしたかったようだが、公開された手記を読む限り、どちらかといえば赤木さんが死を選んだ原因は文書改ざんに対する後悔ではなく、その罪を自分ひとりが着せられてトカゲのしっぽ切りをされることへの憤りと、それをなんとか告発したいという思いによるものだと思われる。

――佐川理財局長、当時の理財局次長、中村総務課長、企画課長、田村国有財産審理室長ほか幹部担当窓口の杉田補佐(中略)

この事実を知り、抵抗したとはいえ関わった者としての責任をどう取るか、ずっと考えてきました。事実を、公的な場所でしっかりと説明することができません。今の健康状態と体力ではこの方法を採るしかありませんでした。(『私は真実が知りたい』48ページ――)

ここに書かれた赤木氏の思いは、単なる後悔や自責の念ではない。事件に関わったものとして、世の中に真実を伝える義務と責任があることを自覚し、それをまっとうするために死を選んだことがはっきりとわかる内容だ。

赤木さんが、自分の責任を果たそうとするのを誰が邪魔したのか。それは財務官僚と検察官僚だ。彼らによって、赤木さんは袋小路に追い詰められ、最後に死をもって告発するという道を選ぶしかなかった。その意味で、「はじめに」に書いたとおり、赤木さんは財務官僚と検察官僚によって殺されたと言ってもまったく間違いではないと思う。そして、彼ら官僚たちがなぜそんなことをしたのかといえば、安倍前総理への過剰な忖度であることは明らかだ。だとすれば、安倍氏が何を考えていたかは別として、少なくとも、赤木さんの死に対して、大きな責任を感じるべきである。

安倍前総理への恐怖心と菅新総理の官僚支配への予感

佐川氏の辞任と近畿財務局職員の自殺は、どちらも官僚による同じ森友学園問題への対応である。ひとりは生きながら逃げる道を選び、もうひとりは死をもって告発する道を選んだ。対照的ではあるが、共通することがある。

それは、時の権力者の意向への忖度から始まったことだが、最後は切って捨てられたということだ。

安倍政権になってから、官僚が政権を守るために、あるいは総理の意向を忖度して不正を行なうケースが頻発した。大きな事件だけでも、南スーダンの日報隠蔽問題、森友学園に続き加計学園問題、ペジー社のスパコン詐欺事件、厚労省の裁量労働制データ捏造、そして、18年の臨時国会で問題となった法務省による外国人技能実習生に関するデータ捏造事件など、まるで官僚機構は悪の巣窟であるかのような印象さえ受ける。

このほかにも表に出ない不適切な行政は数えきれないくらいあるのだろう。

それくらい、日本の行政は腐敗してしまった。

その最大の原因は何か。

もちろん、官僚自身の「弱さ」が根底にあることは、第2章で解説したとおりだ。だからこそ、それを前提にして時の権力者は官僚が道を間違わないように導かなければならない。しかし、安倍政権時代には、霞が関では安倍氏に逆らうことは役人としての〝死〟を意味するかのように受け取られるまでになっていた。そして、菅新総理は、安倍氏の官僚支配をそのまま受け継ぐだろうというのがほとんどの官僚の受け止め方だ。逆らえば昇進がなくなり、左遷は当たり前、さらには辞職してからも個人攻撃で社会的に葬られる恐れもある。逆に、菅総理に気に入られれば、人事で破格の厚遇を受ける、という推測、いや「予感」は、前例から学ぶ官僚が持つ一番ありがちな「感覚」なのだ。

前述したとおり、霞が関の官僚のほとんどが違憲だと考えていた集団的自衛権を例外的に合憲だと考える官僚を、安倍前総理が法制局長官に置き換えた人事は、象徴的だった。官僚が安倍氏に媚びようとなったのもよくわかる。文科省で、退職後、つまり民間人になってから安倍政権の政策に異を唱えた前川喜平元文科次官の個人情報がリークされて御用新聞の読売がそれを記事にしたことも官僚たちを震え上がらせた。安倍前総理がいかに容赦なく自分に歯向かう官僚を叩き潰そうとするかを目の当たりにしたからだ。

こうした言動を日々見せつけられた官僚の目には、安倍氏は、尋常ならざる権力者と映った。

一方、安倍氏が関心のない事項については、官僚はなんでも好き勝手にやりたい放題が許された。だから、触らぬ神に祟りなしで安倍政権の悪政には一切異を唱えず、安倍氏の関心事には、条件反射的に最大限忠誠を尽くす一方で、トラブルを起こさず波風を立てないように注意しながら、官僚利権の天下り拡大などにせっせと励んで、事務次官の覚えをめでたくしようと考える役人が非常に増えてしまった。

こうして「崩壊の危機」といってもよい状況に陥った霞が関。菅新政権でもその立て直しは極めて困難なようだ。

「官僚格差」と「忖度の連鎖」

今回の文書改ざん疑惑が事実であるとしても、それは、近畿財務局の現場の官僚たちの忖度行動ではないかということをいう人もいた。後に、財務省本省理財局長の指示によってこれが行なわれていたことが明らかになったが、「改ざん」について本省の指示があったかどうかは問題の本質ではない。

なぜなら、この問題は、それよりはるか以前に森友側へ破格の安値で土地売却を行なったことから始まったからだ。その時点では、安倍氏や昭恵夫人の力が働いたかどうかはわからないという人もいるが、少なくとも、昭恵夫人の関与があり、それが大きな影響を与えたことは、客観的な状況証拠から見てほぼ確実だといってよい。特に官僚の世界の常識から見れば、以下の点が決定的な根拠になる。

霞が関の官僚の中では、財務省の官僚は他省庁の役人より格上だということが認められているのは前述したとおり。予算折衝で各省の課長が財務省の課長補佐クラスの「主査」に頭を下げに行くのがしきたりになっているのは、その象徴だ。少し前までは、予算の最終折衝段階では、各省庁が、主計局の担当部署に毎晩、うなぎや寿司や幕の内弁当などを何十個も差し入れするのが習わしになっていた。お代官さまへの賄賂みたいなものだ。

こうした上下関係があるため、省庁間で問題を調整するときに財務省は各省庁に何かといえば文書を出させて証拠を残すのに対して、格上の財務省が格下の他省庁に対して証拠を残すような文書を出すことは極めてまれだ。

また、霞が関の中では、キャリアとノンキャリアの間には厳然とした階層があり、キャリアはノンキャリよりも、出世、給与、天下りすべての面ではるかに優遇される。入省時の地位の格差が生涯維持されるのだ。

霞が関は、年次が1年下なら虫けら同然といわれるほど年功序列が徹底されている社会でもある。徐々にその仕組みは修正されつつあるが、まだまだそのしきたりは根強く残っている。

こうした霞が関の中にある「序列」、言葉を変えれば「格差」を知った上で、経産省（財務省より格下）のノンキャリ（キャリアから見れば虫けら）の課長補佐クラス（管理職よりもはるかに年次が低く、序列がはるかに下）であった当時の昭恵夫人秘書・谷査恵子氏からの問い合わせに、「財務省」の「キャリア」の「管理職」が、「丁寧」にしかも「文書」で証拠を残しながら回答するということは異例中の異例、まずありえないことだ。昭恵夫人案件だったからこそ、それが可能になったことは霞が関の官僚100人に聞けばほぼ全員がそうだと言うはず。

つまり、昭恵夫人からの指示、あるいはそれがなかったとしても、最低限、夫人への忖度からことが始まったと考えるしかないのだ。そして、その後は「忖度の連鎖」で、最後は公文書、しかも「決裁文書」の改ざんという不正にいきついた。そう考えると、改ざん行為はそれだけを独立の不祥事として扱うのではなく、森友疑惑の一連の忖度行為の最終段階でのごく一部分として位置づけるべきである。

いずれにしても、ここまで書いたことでおわかりいただけると思うが、官僚は、自分たちの立場が危なくなると、意外と愚かな行動を取ってしまう。第2章で述べた、官僚の「性弱説」を示す典型例だと言ってよいだろう。

自分の地位や所属する組織の存立を脅かすような事件を前にすると、普段はまともな思考をする人でも、尋常ではない不正を犯す誘惑に勝てなくなる。そのときは良心も賢明な判断力も正義を貫く勇気もすべて消えうせてしまうのだ。

従って、官僚の「弱さ」を利用すれば、権力者が霞が関全体を「不正遂行マシン」として使うことも可能になる。逆に言えば、最高権力者はそうしたことを生じさせないように自らを律し、逆に官僚のよいところを際立たせるような指揮を執らなければならない。

「強力なリーダーシップ」と「恐怖政治」の違い

私が常々懸念を示してきたのは、民主主義によって独裁政権が誕生するというリスクだ。そのリスクは、マスコミが正常な機能を失うことによって顕在化する（マスコミの問題は第6章で詳述する）。そのなかで、官僚による過剰な政権忖度行動が蔓延することにより、そのリスクがいっそう高くなっているというのが日本政治の現実ではないだろうか。特にクーデターが起きたわけでも、強大な外国からの圧力があったわけでもないのに、国民が選挙で自由に投票することにより、安倍政権による事実上の独裁に近い政治体制が完成しつつあったのだ。

一度、そういう体制ができると、その状況は自己増殖を始める。前にも述べたとおり、決裁文書改ざんの責任を問われた元理財局長の佐川宣寿氏にしても、内閣人事局ができたから公文書を改ざんしたのではない。安倍氏の命運に直結する一大事を前にして、安倍氏を窮地に追い込むような行動を取れば、それがどんなに正義にかなうものであっても、自らが安倍氏によってどんな仕打ちを受けるか。それを考えれば、あの選択しかなかったのであろう。それは「忖度」と呼ぶにはあまりにも過酷な選択だったともいえる。率直に言って、安倍政権でなければあのような前代未聞の公文書改ざんは起きなかったのではないかと思う。

安倍氏には「リーダーシップがある」という評判もあった。しかし、リーダーシップと恐怖政治は根本的に異なる。リーダーシップには、前提として組織において正当化された共通の大目標があり、それに向けてリーダーの指揮管理の下で各メンバーが動いていく。

一方、恐怖政治ではトップにはそのときどきの目標があるかもしれないが、その多くは組織として正当化されたものではなく、メンバーには共有されていない。そのときどきにトップが欲することに合わせてメンバーが動く。従って、大きな目標との関係で、具体的な行動が正しいのかどうかを判断する基準が見いだせないのだ。国民のために働くという大目標が共有されていれば、それに反する行為についてはなんらかの歯止めがかかる。ところが、目標はそのときどきの安倍氏の胸の内、ということであれば、とにかく彼の気持ちを忖度して動くしかない。安倍氏がイエスと言えば善、ノーと言えば悪ということになってしまうのだ。森友問題で、公文書改ざんという前代未聞の不祥事に、自殺者まで出しながらとどまることができずに財務省が最後まで突き進んでいったのは、官僚たちが「総理は止めろとは言ってない、むしろ突き進めと考えている」と判断したからである。その意味で、森友問題とは安倍政権の恐怖政治が生み出した、安倍政権特有の不祥事だったと私は考えている。

柳瀬元総理秘書官の〝気の毒〟な立場

加計学園問題は、安倍政権をめぐるスキャンダルの中でも、森友問題と同じく「安倍政権特有の不祥事」だといってよいだろう。この問題についても、多くの報道や論考が出ているので、ここでは安倍氏の元秘書官、柳瀬唯夫元経済産業審議官の行動の裏にある官僚心理を読み解きながら、その問題点を明らかにしてみたい。

柳瀬氏がマスコミの批判の矢面に立たされ、窮地に追い込まれることになったきっかけは、彼が愛媛県地域政策課長、今治市企画課長、加計学園事務局長らと15年4月に官邸で会談していたことが、愛媛県職員の「備忘録」に明確に記載されていたという『朝日新聞』のスクープだった。それまでは、今治市の記録で、今治市の職員らが官邸を訪れていたことははっきりしていたが、公開された記録では、面会相手が書いてあるとみられる部分が黒塗りになっていたため、誰に会ったのかということは明らかになっていなかったのだ。

柳瀬氏は17年の国会で、この会談について、記憶にないから会ったとはいえない、という趣旨の答弁を繰り返していた。朝日の記事が出た後の当初のコメントでも、その立場を変えなかった。「記憶の限りでは、会っていない」ということだから、厳密にいえば、会っていたが忘れてしまったのかもしれないということも含まれる。後に、追い込まれた柳瀬氏は面会したことを認めたのだが、そのときのためにこういう言い方にしておいたのだろう。

では柳瀬氏は、どうして事実上の嘘、あるいは隠ぺいに走ってしまったのか。彼の心理状態を推測しながら、整理してみよう。

その前に、次から述べるのは私の長年の官僚経験を基にした推測であって、そうではない可能性も十分にあるということはご理解いただきたい。その上で、読者の皆さんがこの問題について考えるひとつのヒントにしていただくために、あえて紹介するものである。

まず、彼の行動の動機については、ふたつの側面について考えてみる必要がある。ひとつは総理秘書官だった者として、総理の利益を守る立場にあるという側面。もうひとつは、純粋に柳瀬氏個人の利益の側面である。

この点について考える前に、柳瀬氏がどういう人なのか、総理秘書官としてどんな立場にあったのかについて、私が知っている範囲で簡単に紹介しておきたい。

柳瀬氏は、東大法学部を卒業後、84年に当時の通商産業省（現経産省）に入省した。その後の経歴を見ると、絵に描いたようなエリートコースを歩み、麻生太郎総理の秘書官を務めた後、将来の次官候補が就くことが多い大臣官房総務課長を経験している。そして、第2次安倍政権で、2度目の総理秘書官に就いた。ふたりの総理に仕えるというのはかなり異例のことだ。経産省に戻った後も局長ポストでは最も重要な経済産業政策局長を務め、17年夏から事務方ナンバー2である経済産業審議官に就任している（審議官という名前がついているが、普通の審議官とはまったく違い、局長や官房長、外局の資源エネルギー庁長官、中小企業庁長官などよりも上で、格としても給与面でも、事務次官と同等である）。

その当時、経産省の事務次官は82年入省の嶋田隆氏だった。2年下の柳瀬氏は、当然、将来の有力次官候補ということになる。

ちなみに、安倍氏の政務の秘書官として有名になった今井尚哉氏だが、彼は82年入省で次官の嶋田氏と同期だが、基本的に官僚が政務の秘書官になるのは極めて珍しいことである。

政務の秘書官といえば、小泉純一郎総理のときの飯島勲氏が有名だが、彼は政治家の秘書として雇われ、その雇い主がたまたま総理になって、政務の秘書官に抜擢されたという経緯がある。そして、それがこの職に就く最もスタンダードなルートなのだ。

総理の秘書に経産官僚がふたりもいるということはこれまでなかったことだ。柳瀬氏にとって、今井氏は総理秘書同士ではあるが、事実上の上司だった。さらに、安倍内閣には内閣広報官兼総理補佐官として、76年入省の元経産官僚・長谷川榮一氏もいた。柳瀬氏はただでさえ大変なのに、ふたりもよけいな〝小舅《こじゅうと》〟がいて、ものすごく苦労しているという噂もよく聞かれた。

余談だが、私は柳瀬氏の4年前に通産省に入省した。もちろん、彼のことはよく知っていたが、その人となりについて、いやな印象を持ったことはない。議論していても直球派で裏表がないという感じだった。今井氏に比べれば常識的な人間だったと認識している。

収賄疑惑をもみ消すために

さて、17年の国会答弁で柳瀬氏が愛媛県職員との面会を認めなかったのはなぜか、という話に戻ろう。まず、元総理秘書官としての立場上、それを認めたくなかったという側面がある。つまり、自分が会ったということがわかると、総理にとって都合が悪いから、総理を守る立場にあった柳瀬氏としては、これを否定しなければならなかったということだ。

総理にとって、どうして都合が悪いのかといえば、次の3点に集約される。

第1に、柳瀬氏が愛媛県の職員と会ったという事実は加計学園問題がまさに「総理案件」だったという有力な間接証拠になる。これは、例えば加計学園問題に関わっていた内閣府の藤原豊地方創生推進室次長（当時）がその職員と会ったというのとはまったく質的に異なる。なぜなら、藤原氏は地方創生の担当者であり、役所の職制上の仕事だといえるからだ。柳瀬氏は、事務の秘書官の間での役割分担では、規制改革などを担当していたのかもしれないが、それは、あくまでも安倍氏との関係での役割である。つまり、彼が愛媛県の職員と会っていたということは、総理と関係があるからだということになる。

第2に、第1の論点で述べたとおり、柳瀬氏が「総理との関係で愛媛県などと会っていた」とすれば、総理はその時点、すなわち15年4月前後にそのことを知っていただろうと理解するのが自然だ。総理との関係で会っていたのに、そのことを総理本人が知らなかったというのはどう考えても腑《ふ》に落ちないという印象を与える。一方、安倍氏は、17年の1月20日まで、加計学園が国家戦略特区の申請をしていたことを知らなかったという答弁を国会でしている。総理秘書官が官邸で会っていた加計学園の案件について、総理はまったく知らなかったのが本当なら、柳瀬氏がこの件について安倍氏に知られないように隠しながら、総理秘書官という超多忙な仕事の合間に、独自の行動としてわざわざ自治体職員と会っていたということになる。だとすれば、よほど特別な事情があったということになるが、そういう事情は今のところ判明していない。そう考えると、総理が17年1月まで加計学園の獣医学部新設の件を知らなかったと言っていることのほうが嘘ではないのかという疑惑を呼ぶことになる。

第3は、会談の事実を認めると参加者が誰だったかも言わなければならなくなることだ。後に明らかになったとおり、この会談には、加計学園事務局長が参加していたので、国家戦略特区の自治体と話しただけでなく、加計学園案件ということで話をしたということがわかってしまう。また、総理秘書官が会った相手が、県の課長クラスだということもわかってしまうが、これは、霞が関の常識では通常はありえない話だ。ランクとしてあまりにもバランスが悪い。言葉は悪いが、官邸、いや、霞が関の官僚の感覚では、総理秘書官が県の課長「ごとき」と会うのだから、よほどのことがあるのだろうというところだ。そんなことが可能だったのは、総理と加計学園の加計孝太郎理事長が特別な関係にあったからだと疑われるのは当然だ。さらに、加計学園の幹部の事務局長が同席したとなれば、疑惑はダブルで深まることになる。

そして、これら3つの疑惑のすべては、加計学園が今治市の国家戦略特区の事業者に決定した17年1月20日の段階まで、安倍氏は加計学園の話をずっと知らずにいたという彼の国会答弁との関係に収斂《しゅうれん》してくる。安倍氏は、過去の答弁を修正してまでこの点を強調した。

安倍氏は、加計孝太郎氏と頻繁にゴルフや宴席を共にしていた。ひとりだけでなく、自分の側近らも一緒にというケースが多かった。その費用はかなりの額に上っただろう。1回あたり数十万円となってもおかしくはない。その費用負担について、安倍氏は「奢ったり奢られたりしている」と国会で答えたが、その意味するところは割り勘ではないということだ。もし費用のほとんどを安倍氏側が払っていれば、堂々とそう言うはずだが、安倍氏は具体的なことへの言及は避けている。数十万単位の支払いで加計氏の支払い回数が多ければ、通算で「奢ってもらった金額」は百万円単位になることも考えられる。

そして、国家戦略特区の仕組み上、その法律上の責任者は総理である。つまり、加計学園の獣医学部新設について、安倍氏は直接の職務権限があった。そんな立場の者が「事前に獣医学部設立の話を聞いていた」、そしてもし当該の事業者から「接待を受けていた」となると、贈収賄の構成要件を満たす可能性が出てくる。

マスコミは、当初、「国務大臣、副大臣及び大臣政務官規範」(01年閣議決定。「関係業者との接触に当たっては、供応接待を受けること、職務に関連して贈物や便宜供与を受けること等であって国民の疑惑を招くような行為をしてはならない」と定めている)違反になると報じたが、そんな生易しい話ではない。大臣規範の話なら、政治責任や倫理的な責任ということにとどまるからだ。

しかし、ことが贈収賄という問題になれば、証拠が出そろっていない「疑惑」の段階でも、一般人が、総理を収賄容疑で検察に告発することも可能になる。

国家戦略特区の結論が出た17年1月20日まで、安倍総理が加計学園の申請を知らなかったといえるのかどうかは、この問題の肝となる論点なのである。

15年4月に官邸で柳瀬氏が、本件で加計学園関係者や自治体職員と会っていたと認めれば、芋づる式に、総理が17年1月20日の前に本件をよく知っていたという結論に結びつくことになる。そのことを恐れて、官邸は最初の段階でとにかく会談そのものを否定しようという作戦を取ってしまったのではないだろうか。柳瀬氏は、元秘書官の職責として総理を守るために、官邸が引いたそのラインを必死に守ろうとして失敗に終わったということになる。

報われなかった柳瀬氏の〝命がけの忖度〟

次に、柳瀬氏が自分の個人的な利益のために官邸での会談を否定したのではないかという側面について考えてみたい。

前述のとおり、柳瀬氏は経産省のエースであり、次官を狙える位置にいた。しかし、これまでも解説したとおり、安倍政権下では、経産省の事務方トップである嶋田次官に気に入られても、安倍氏に嫌われると次官にはなれない可能性が高い。仮に、柳瀬氏が官邸での会談の事実を認めて総理を困らせると、「裏切り者」ということで次官にはなれず、そのまま退官、という予測がつく。

しかも、その場合は単なる退官では済まないかもしれない。天下りできなくなる、あるいは、天下り先で惨めな目に遭うことも考えられる。さらには、前川喜平文科省元次官のように退職後もいろいろないやがらせを受けるかもしれず、家族にも迷惑がかかる。安倍氏の特異な粘着性は、近くにいる者ほど強く感じる。日々、間近で接してきた秘書官だからこそ、その恐怖感は尋常なものではなかったかもしれない。そのリスクを考えると、柳瀬氏には会談を認める選択肢はなかったのではないだろうか。

そして、彼が選んだのが「記憶の限りでは」「記憶の範囲内では」という留保をつけた上での面会事実の否定だった。この留保をつけておけば、最終的に証人喚問されたときに、記憶にないという逃げ口上が使える。最悪の場合には、今思い出しましたと前言を翻しても、ギリギリ嘘をついたことにはならない。

そういう計算をしながら、会談の事実を否定して総理に恩を売り、出世したい、あるいは自分の、そして家族の身を守りたいという個人的利益を求めたとしても、決して不思議ではない。

最終的に、柳瀬氏は18年夏の人事で勇退となった。彼の必死の忖度行動に対して、総理もなんらかの形で報いたいと思ったのかもしれないが、柳瀬氏が官僚でいれば国会に呼び出され、引き続き総理最大のアキレス腱を攻撃されるのは必至だった。従って、安倍政権としては彼を切るしかなかったのだ。それだけ、加計学園の収賄疑惑が深刻だったということを物語っているような気がする。

役人の忖度には色があり、報酬も特殊だ

今や、官僚が総理の意向を推し量って、その意に沿うように動くということは広く国民に理解されている。佐川氏のように最後はトカゲのしっぽ切りで終わることもあるということを官僚たちもよくわかっていたはずだ。にもかかわらず、官僚たちは最後まで安倍氏を守り通そうとしてきた。一般の人から見れば、単に忖度によって出世したいということがその動機だといわれても、何か釈然としないかもしれない。知り合いの記者からも、なぜ官僚たちは「トカゲのしっぽ」として、すべての責任をかぶせられ、最後は切り捨てられてもおとなしくしているのだろうかと聞かれたことがあった。

ここまで、「総理の意向を忖度した」というような形で、「忖度」という言葉を多用してきた。しかし、これまで「忖度」は決してポピュラーな言葉ではなかった。振り返ってみると、17年の通常国会で連日取り上げられた森友学園問題の論戦の中からキーワードとしてこの言葉が脚光を浴びた。昔から存在はしていたが、あまり頻繁には使われなかった言葉だというのは、これが、17年のユーキャン新語・流行語大賞になったことによく表れている。そして、それから約3年が経過した20年、今や「忖度」は日常的に使われる言葉になった。

だが、その発端となった「官僚の忖度」について、詳しい内実は実はあまり知られていないように思う。そこで、ここからは「官僚の忖度」についてあらためて考えてみたい。それによって、先ほど述べた「トカゲのしっぽ切り」の疑問への答えにもつながるだろう。

17年3月、「森友学園」の籠池泰典理事長が日本外国特派員協会で会見を行なった際、通訳が「忖度」という言葉をなかなかうまく訳せずに困っていたのは印象的だった。確かにここで使われた意味合いでの「忖度」は、日本の組織固有の仕組みに起因する独特の慣行で、海外の人には理解しづらかったのかもしれない。

私は長く経産官僚として役所の忖度がどういうメカニズムで発動されるのかを直接見聞きしてきた。その体験から見ると、テレビや新聞・雑誌などで行なわれてきた「忖度」の議論は、どうも一面的、部分的な議論にとどまっているように思える。

「忖度」の定義は難しい。国語辞典には、「他人の心を推し量ること」などと書かれている。しかし、官僚文化のなかでの「忖度」には、もう少し「色」がついている。

まず、忖度が問題となるのは、〝筋悪の案件〟の場合だ。忖度という言葉には、ある前提がある。それは、忖度の対象となる人の内心が、「表向きは」不明であるということである。

例えば、企業において利益を追求することは当然のことであり、社長が利益を求めていることは、さまざまな形で外形的に明らかである。このような場合、社員が社長の指示がないまま利益追求のために行動しても、それは「社長の意向を忖度した」とは言わないだろう。

忖度という言葉が使われるときには、その対象となる人が、「表向きには言えないことを考えているはずだ」と読み取ることがカギになる。「表向きには言えないこと」とは、口に出すとやや厚かましくなるので少し遠慮する場合などもあるが、役所では上司が部下に対してそういう気の使い方をすることはあまりない。

では、それ以外の「表向き言えないこと」とは何かというと、それは違法なこと、やってはいけないこと、考えてはいけないことである。法律の適切な執行を上司の指示なくやっても、それは忖度といわないが、違法なこと、望ましくないことを「上司はそれを望んでいるだろうと推し量って行なうこと」が、「官僚の忖度」なのである。つまり、役所における「忖度」は常に違法まがいの問題を孕《はら》んでいるのだ。

次に、忖度の対象となる人は、自分の上司、または、自分の出世（目の前のことだけではなく、一生を通じての）に影響力を持つ人である。それは役人だけでなく、上司などに影響力を持つ政治家、業界関係者なども含まれる。

そして、これが最も重要なのだが、役所においては「〝不〟忖度への懲罰」と「忖度への報酬」がほかの組織に比べて、極めて大きいという実態がある。

「忖度」に常に違法まがいの問題がつきまとうのであれば、本来は「忖度」などしないほうがよい。しかし、「忖度」しないと上司ににらまれ、出世が遅れたり、その道を閉ざされたりする。ただし、それだけなら企業などを含めほかの組織でも同じだ。しかし、その程度には大きな差がある。

役所の場合は、忖度しないと、その組織には非常にいづらくなる。もちろん、役所を辞めるという選択肢もあるが、その場合、単に辞めることによる直接の不利益だけでなく、その後の人生において、その役所との関係では、差別的に取り扱われるリスクが生じる。特に霞が関の掟を破ったとなると、一省庁だけでなく、霞が関全体を敵に回すことになる可能性もある。天下り利権に歯向かったというような場合がそれだ。その場合、例えば官僚を辞めた後、民間企業で仕事をしていても、役所からさまざまないやがらせを受ける可能性は非常に高い。少なくとも、そういう心配をしなければならないことだけは確かだ。

一方で、「忖度への報酬」も非常に大きい。出世につながるというのは、どこの組織でも同じだが、役所では人事当局が職員の退職後の天下りの差配をする。特に、キャリア官僚であれば、少なくとも70歳くらいまでは役所の世話になるわけだ。従って、忖度への報酬は60歳定年までではなく、その後の10年以上にわたって続く。

つまり、「忖度」という行動の「利回り」が、ほかの組織よりもよいのである。

ネットなどを見ると、「トカゲのしっぽ切り」をされてしまった官僚に対して「かわいそうだ」という声を聞くこともあったが、ここまで解説した実態を考慮すると、ことはそれほど単純ではない。

彼らが「かわいそう」かどうかは、しっぽ切りされた後、天下りを含めて、切られた人たちがどんな処遇を受けるのか、すなわち「忖度の報酬」の内容と大きさいかんにかかっていると考えるべきだろう。

また、貸し借りの関係は、役人個人と政治家の間に直接発生する場合もあれば、役所と政治家の間に発生する場合もあるし、両方に発生することもある。現実には、政治家に対する忖度の貸しは、その官僚が所属する役所が代わりに弁済する（報酬を支払う）のが普通である。例えば、問題となる土地の不当安値売却を行なった当時の理財局長に対しては、財務省が今後10年以上にわたる天下り斡旋で手厚い処遇をする可能性があるし、また、安倍夫妻は何かのときに、忖度官僚らに対して便宜を図ることになるであろう。麻生氏との関係でも大きな報酬を期待できるのかもしれない。

官僚は、そういう計算をしながら「忖度」をして、報酬を確保する。そしてその結果、大きなトラブルになったときも「忖度による沈黙」を貫いて、さらなる大きな報酬を期待するのである。

森友問題に関連して国会で答弁する財務官僚たちが、さほど苦しそうに見えなかったのは、この「忖度による沈黙」で大きな報酬を得られるという確信が支えになっていたという面もあるのではないだろうか。

第6章

官僚とマスコミ

官僚に使われる記者クラブのサラリーマンたち

官僚に使われる記者クラブ＝大手マスコミ

記者クラブというのは、日本独特の制度だ。この仕組みは日本のジャーナリズム、メディアと役所の関係を象徴するものといえる。

記者クラブ制度とはご存じのとおり、テレビ局や新聞社、通信社などのメディアで構成される組織で、各官庁・政党・自治体・経済団体などに置かれて継続的な取材活動を行なうことを目的とするもの。しかし、これがあるがためにメディアには〝政府が流した情報〟があふれ、報道機関は本来のジャーナリズム機能を果たさなくなっている弊害がある。

記者クラブは、役所の中に設置されている。各役所には、メディアの担当記者が常駐できるように机や椅子が用意され、そこにさまざまな資料を置く棚が設けられている。官僚はメディアに流したい情報をそこにぽんぽん置いていき（これを「投げ込み」と呼ぶ）、記者はそれを読んでニュースを書く。

本来のニュースとは、社会や政治、経済の中になんらかの問題が存在し、それをメディアが自ら深掘りし、世の中に伝えるものだ。しかし記者クラブの場合、政府や役所などが発信するものの中から、掲載するに値するものをセレクトする流れになってしまっている。つまり、関心のきっかけをつくっているのは政府などの権力者側なのだ。

とりわけ、官庁側が重点的にPRしたい案件については投げ込みだけでなく、併せて「記者レク」が行なわれる。これはいわゆる記者会見で、その場で質問を受けてより深く理解してもらうためのレクチャーだ。

役所というのは高学歴社会で、記者たちの取材対象であるキャリア官僚には、東大の法学部や経済学部を出ている人材がごろごろいる。なおかつ、役人は専門家の意見を聞いたり国会の審議を聞いたり勉強する機会がふんだんにあるため、普通のサラリーマン記者の知識ではなかなか及ばない。

よほど特定のジャンルに特化した専門記者であればともかく、大手メディアの記者は官僚と同様に割と頻繁に配置転換があるため、専門分野を持ちにくい。結果として、官僚からすればだましやすいのだ。

大手メディアにも高学歴で地頭のいい人間はそろっているが、だからこそ専門性でかなわない相手には洗脳されやすい傾向が見て取れる。議論をしていてもなまじ官僚の言うことが理解できるため、最終的に納得させられてしまうのだ。素人なら「なんだか難しくてわからないが、どう考えてもおかしい!」と直感的に思うことを、「なるほど、意外だけどそういうことなんだ」と感心しながら納得してしまうのである。

こうして距離を縮めた記者に対し、官僚は時折スクープを与え手なずけていく。一度スクープを受け取った記者は、その官僚との間に信頼関係が出来上がったと錯覚する。結果、運命共同体ないしはお友達感覚が芽生え、その後は天下りのような批判の対象となる問題が出てきたときでも、記事に手心が加えられることになる。

2020年5月に賭け麻雀で辞職した黒川弘務東京高検検事長のお相手は、産経新聞の社会部記者と朝日新聞の社員だった。定年延長や安倍氏のスキャンダル案件で手心を加えたと批判されている検察幹部と、よりによって記者が賭け麻雀をするなんて！　と驚いた人も多いかもしれないが、私は日本の官僚と記者の関係を考えれば、そういうことをする連中もいるだろうなという程度の印象だった。社会部の記者と警察や検察との癒着ぶりは、官僚なら誰でも知っている。検察官も官僚だ。優秀な官僚なら、記者を利用するためにある程度「仲良くする」のは当然なのだ。

インテリ記者のほうがだまされやすい

記者が官僚にだまされるということは、私が気づく範囲でもほとんど日常的に起きている。誰がどう考えても大きな記事にならなければおかしいと思うことが記事にならなかったり、ほんの数行のべた記事で終わったりというのを見るとそれがわかる。

20年8月のある日、東京新聞の中堅記者から電話があった。問い合わせの内容は、国土交通省が19年10月の消費増税対策として導入した「次世代住宅ポイント制度」についてだ。増税後の住宅販売促進策として、19年10月以降に契約する住宅などに対して最大35万円相当のポイントを付与する制度なのだが、適用の条件として契約が20年3月31日までに締結されなくてはいけないということになっていた。ところが新型コロナの影響で、契約交渉や手続きが遅れてしまうケースが出たため、国交省は新型コロナ対策としてこの期限を8月末まで延長することにした。ここまでは妥当な対応だ。頑張ったが最後にコロナの影響で契約が4月2日になってしまったなどという人にとっては朗報だと思う。

ところが、国交省によるとこの制度は4月7日に決定されたため、適用対象は契約が4月7日以降、8月末までに契約されたものに限定してしまった。つまり、もともと3月までに契約するつもりはなく、6月か7月に契約するつもりでいた人が、コロナのおかげで35万円もらえるということが起きたのに対して、3月になんとか間に合わせようとしていたが、ギリギリで3月末に間に合わず、契約を4月1日に締結したという人は対象外になるという、いかにもおかしなことになったのだ。

問い合わせをしてきた記者は、この話を聞いて「おかしい」と思った。そこでいろいろ取材したが、国交省の担当者は「政策の決定前の契約に遡《さかのぼ》って適用することはないというのが大原則だ」と言ってまったく問題ないという立場。業者に聞いても、「釈然としないけど仕方ないんでしょう」と諦めている。他社も含め、記者クラブの記者たちは国交官僚の話を聞いて、「まあ、そうなんだろう」と思って大きな記事にはしていない。

それでも納得できない記者は、行政法の大家といわれる専門家に取材したが、やはり、「決定前に遡って適用することはできないというのは常識ですね」と冷たい。やはり、仕方ないんだなと思いかけていたところに、たまたま、私のことを思い出して、「古賀さん、これどう思います？　本当に仕方ないんですかね？」と電話してきたのだ。

私は、こう答えた。「国民に今までなかった義務をかけたり、今まで合法だったことを犯罪とするようなルール変更を行なう場合、法律やルールができる前に遡って適用するのは法治国家として許されないのは当然のことです。しかし、国民に利益を供する場合ならそれにこだわることはありません。ほかの人とのバランスで明らかに不公平だということなら別の配慮が必要になることはありますが、今回の件は、新型コロナという災難のせいで当初予定されていた35万円がもらえなくなる人を救済するのですから、不公平ということでもない。逆に4月1日から6日に契約した人だけ外すというほうが、よほど正義に反していると思いませんか？」

記者は、「そうですよね！　やっぱり記事にしなくちゃ」と早口で言って電話を切った。

ちなみにコロナ支援関連でいうと、従業員に休業手当を支給した事業主を国が支援する「雇用調整助成金」という制度があるが、政府は従業員ひとり当たり日額8330円という助成金の上限を1万5000円に引き上げた。それを正式に発表したのは20年6月12日だが、適用は4月1日に遡っている。目の前にそういう実例があるのに、国交省の記者クラブの記者たちは、国交省の役人の言葉をうのみにして、次世代住宅ポイント制度の延長の仕方がおかしいと思わなかったのだ。

私に電話してきた記者は、後日この問題を朝刊1面の大きな記事にして報道していたが、この記者がいなければ、国民のほとんどはこの問題の存在すら知らないまま終わったであろう。

財務省・福田次官のセクハラ事件は記者クラブが生んだ

近年の官僚不祥事の中でも特に破廉恥だったのが、財務省・福田淳一事務次官が取材に訪れたテレビ朝日の女性記者に対して卑猥な発言を繰り返すなどのセクハラを行なっていた事件（18年）だ。

新聞やテレビの報道を見ている人の多くは、福田氏個人のお粗末な不祥事だと思っただろう。

しかし、このスキャンダルの根底には記者クラブの問題があると私はみている。

先ほども少し触れたが、役所の記者クラブに詰めている大手メディアの記者たちはスクープをもらうのと「特オチ」（他社が一斉に扱っている大きなニュースを自社だけ報道できないこと）を避けるために、官僚に媚びを売らなければいけない仕組みになっている。本来は、取材先との間に一線を画して緊張関係にあるべきなのだが、ある社の記者が徹底的に媚びを売って、スクープを連発したりするのを見せつけられると他社は心中穏やかではいられなくなる。結果、多くの記者が政権にすり寄る姿勢に転換していくのだ。安倍政権下では、官僚の忖度競争が起きていたという話を第5章に書いたが、ちょうどそれと同じ状況が生じるのだ。12年末の安倍政権成立後、2年くらいの間でこうした現象――「悪貨が良貨を駆逐する」――が急激に広がり、霞が関に魂を売る記者が増えた。同時に安倍政権のマスコミへの締めつけもあり、官邸からの評価を得たいがためか、堂々と記者たちを恫喝《どうかつ》する官僚も増えていた。これにより、記者クラブ所属記者の取材先への従属という現象はさらに助長されることにつながった。

そういうゆがんだ状況の被害を最も強く受けるのが女性記者だ。従来から、特にテレビ局には、女性記者を使って男性の政治家や幹部官僚から重要情報を取ってこさせようとする習慣がある。総理のぶら下がり会見などを見ていると、ほとんど経験のなさそうな若手女性記者たちが（若手の男性記者もいるが）、マイクや音声レコーダーを必死に総理へ向けている。そして1社がそんなことをやりだしたら、遅れを取ってはならないとほかのメディアも追随する。こうして各テレビ局は、官邸の記者クラブにこぞって美人記者を配置しようとするのだ。

官邸以外の役所でも状況は似たり寄ったりで、女性記者は各社の〝上〟の意向がどんなものかよく理解していて、その期待に応えざるをえない状況に置かれている。

まともな官僚なら、美人記者に対して鼻を伸ばしたり、あまつさえ美人記者を派遣したメディアに優先的に情報を与えるなどということは厳に慎むべきだと自戒するものだが、例えば財務省のエリート官僚の中には、学生時代に一度も女性にモテたことがないという人も多い。そういう人間ほど女性に免疫力がなく、ちょっとちやほやされると、「自分も捨てたものではないな」という気分になってしまう。そして、情報を取るためにご機嫌を取ってくる女性記者が、自分に好意を持っていると勘違いしたり、セクハラ発言に対して必死の作り笑いで耐えている女性記者に対して、自分と話すことを個人的に楽しんでいると思い込んでしまうのだ。だから、セクハラまがいなことをしても相手が明確に拒絶しない限り、その記者との間では特別な関係があるから許されると考えてしまう。

福田氏もそういうたぐいの人物だったのかもしれない。もしそうなら、彼から見ればいきなり週刊誌などに「セクハラ男」として名指しされたのは、驚き以外の何ものでもなかったのではないか。彼は、女性記者たちが記者クラブの取材先への従属主義の犠牲になって、身の毛もよだつような思いで必死に取材しているなどということには思い至るきっかけもなかったのだ。

この事件は、官僚と記者クラブの癒着構造が生んだものであり、氷山の一角だ。おそらく表沙汰になってない大小のセクハラは山ほどあるはずだ。

たとえ記者クラブがなかったとしても、マスコミ同士の競争はあるのだからこういった問題は起こりえたかもしれない。しかし、閉鎖的で、横並びで、従属的な記者クラブ特有の取材空間は、いびつな競争を生みやすいのも確かだ。もちろん、そうした構造的問題があったからといって、福田氏の行為の反倫理性がいささかなりとも軽減されるわけではないが、事実として、このスキャンダルは記者クラブの「異常な取材空間」が生んだ側面もあると指摘するのは、記者クラブの問題を知ってもらう上で意味があるのではないかと思う。

菅義偉氏の〝女性記者イジメ〟を官邸官僚と記者クラブが共同でサポート

記者クラブといえば、どうしても取り上げておかなければいけないことがある。それは、東京新聞社会部の望月衣塑子《いそこ》記者に対する菅義偉氏の取材拒否・妨害についてだ。望月記者といえば、当時官房長官だった菅氏に加計学園問題について鋭い質問を連発し、彼をタジタジにさせたことで有名になった。17年6月の官房長官会見デビュー以来、官邸の記者クラブの記者たちが、菅氏を恐れて何も厳しい質問ができないなか、たったひとりでも何回も問いただす姿に感動を覚えたものだ。

それから3年の間、望月記者は継続的に官房長官会見に出席し、節目節目で非常に重要な質問をしている。しかし、質問が鋭ければ鋭いほど、菅氏には忌み嫌われた。また、菅氏や官邸官僚たちと良好な関係をつくってなんとかおこぼれ記事を頂戴したいという堕落した記者クラブの記者たちから見ると、望月氏はクラブの平穏な環境をぶち壊す問題児と映っていたようだ。

そうした記者クラブの雰囲気は、菅氏や官邸官僚をさらに強気にさせた。19年には、官邸から東京新聞へ望月記者の質問を実質的に制限するような圧力をかける文書が発出されたり、挙句の果てには、望月氏の質問への回答を菅官房長官が拒否したりするという事態にまでエスカレートした。

表面上は、時間が少ないなかで望月記者がひとりで長時間質問しているとか、質問よりも自説を展開する時間が長いとか、そこで述べる内容に事実誤認が多いなどと批判されているが、彼女が述べることは国民から見た真っ当な考え方であり、質問をする前提としていずれも必要不可欠なコメントだ。そして、事実誤認と官邸が断定した内容は、沖縄・辺野古《へのこ》に工事承認申請とは違う土が使われているという疑惑を指摘したもので、さまざまな状況証拠から嘘をついているのは官邸であり、真実は望月記者の発言にあるというのが大方の見立てであった。

要するに、望月記者の質問が国民の立場に立っていて非常にわかりやすく、それゆえ菅氏がとんでもない悪人に見えてしまうから、なんとかそういう場面をつくらないようにその原因を大本から断つ、「望月排除」作戦を展開したということだ。

これは、単に望月記者へのイジメとか、反政権記者への弾圧にとどまらない。国民の知る権利への明らかな妨害行為である。従って、このような行為に対しては、記者クラブは毅然とした態度で官邸に抗議し、場合によっては共同での記者会見ボイコットなどの行動を起こすべきだった。それこそ、本来の記者クラブの果たすべき役割ではないのか。

ところが実際には、記者クラブはこの事態に表向きほとんど反応せず、おそらく裏に回って官邸に頑張ってくださいなどとおべっかを使っていると思われる。官邸クラブの記者からは、「望月記者が国民の知る権利のために戦っているというが、望月氏のような記者がいると、官邸と記者の信頼関係が壊れて取材ができなくなる。その結果、国民の知る権利はさらに阻害される」というような珍抗議を口にする記者もいたくらいだ。望月記者に関するテレビ報道もほとんど行なわれなかった。記者クラブの記者が、それぞれの本社に対して本件についての記事を書くことに反対しているからであろう。

ここまで腐った記者クラブは、存在している意義がないだけでなく、明らかに国民に害を及ぼしている。欧米メディアの記者たちも、記者クラブについては談合組織だとして厳しく批判している。この際、記者クラブは官邸に限らず即廃止すべきだ。

そうなれば、記者たちは談合組織に安住した楽な取材活動ができなくなる代わりに、政権に気を使ったおべっか記事を書く必要もなくなる。本当に実力のある記者とそうでない記者の差も歴然としてくるだろう。そして何より、権力の監視というマスコミ本来の機能を健全に果たし、国民は大本営発表に代わって真実を伝える報道の利益を享受できるようになるのだ。

また、官僚たちから見ると、安易なもたれ合いを利用したマスコミ操縦法も使用不可となる。記者たちと健全な牽制関係が復活し、取材される側として緊張感を持った対応をせざるをえなくなるはずだ。その結果、官僚たちはマスコミを通して国民世論の影響をより強く受けることとなり、行政にそれが反映されれば、国民にとっては大きな利益になるだろう。

「政府の言うことも信用してあげないと」と言った若手記者

「News Is What Somebody Does Not Want You To Print. All the Rest Is Advertising.」(「ジャーナリズムとは報じられたくないことを報じることだ。それ以外のものは広報にすぎない」)という言葉をご存じだろうか。ジョージ・オーウェルの言葉だともいわれるが、どうもそうではないという説も有力だ。それはともかく、この言葉ほど記者クラブの問題をぴったりと表現できるものはないだろう。記者クラブにどっぷり漬かって取材先に依存する記者たちは、まさに役所の広報マシンと化しているといってもよい。入社早々からこうした環境で仕事をしていれば、これが当たり前になってしまうのが恐ろしいところだ。

最近では、その傾向がエスカレートし、いちいち役所の言うことの裏に何かあるのではないかと掘り下げた取材をすること自体に疑問を呈する記者が増えているようだ。ある大手新聞社の中堅記者で、今はデスクをやっている友人が「古賀さん、聞いてくださいよ」と語った言葉が印象に残っている。「この前、若手記者に加計学園問題を取材してこいと指示したら、『内閣府の担当参事官は、なんらやましいことはないと述べた』というメモが上がってきたんですよ。それで、『こんなメモ意味ないだろう』と言ったら、『先輩はちょっと偏っていませんか？　先方が嘘をついているという証拠はあるんですか？』と返してきたんですよ。『それを取材するのが君の役目だろう』と言ったら、今度は、『そういう偏見を持った取材はやめるべきです。政府の言うことも信用してあげないと。もちろん、全部とはいいませんが、あの参事官はしっかりしてて、信頼できるいい人ですよ』と言うんです。もう、力が抜けちゃって、それ以上言うのはやめました」

政府の言うことを疑うのは偏った取材だという。日頃から酒を飲み歩いている取材先がいい人だから役人の言うことを信じる。これでは、真実に迫ることはできない。メディアが権力を監視することの重要性もまったく理解していない。もし、こんな会話が珍しくないものだとするならば、日本のマスコミは本当に危機にあると言わなければならない。

アメとムチを使い分けてマスコミを操作する

そもそも、日本に記者クラブという制度が誕生したのは、明治23（1890）年のことらしい。1回目の帝国議会が開かれた際、議会側が新聞記者の取材を禁じたことに対抗し、『時事新報』を中心に在京各社の記者たちが団結、「議会出入記者団」を結成したのが始まりだそうだ（今西光男『新聞　資本と経営の昭和史』〈朝日新聞社〉）。つまり、最初は記者が連帯して政府に立ち向かう目的でつくられた組織だったのだ。

ところが、太平洋戦争が始まると、大本営発表をそのまま垂れ流す組織へと変貌してしまう。国家が一丸となって戦わなければならない時代においては、国家の意思や情報を効率的に民衆に伝える機関が必要だったのだろう。そこにあるのは記者が何を取材したいかという意思ではない。国が何を伝えたいかという「権力の思惑」のみであり、国民に知らせるべきことを追求するという、メディア本来の役割は皆無だった。そしてこの問題は大なり小なり現在も続いていると私は感じている。

15年1月に後藤健二さんらがイスラム国の人質になっているさなかに中東を歴訪し、「イスラム国と戦う周辺各国に2億ドルの支援をいたします」と演説して、テロリストとの交渉を事実上ぶち壊した安倍総理を批判するコメンテーターが出たとき、テレビの情報番組のキャスターたちは、一斉に「今、安倍政権はテロと戦っている。そんなときに安倍総理を批判するのは、テロリストを利することになる」と言って、政府批判を封印したことがあった。まさに戦時報道体制がそのままよみがえった瞬間だったといっていいだろう。

記者クラブにいる記者たちは、知らず知らずのうちに権力者側の論理に染まる例が多い。その土壌は、記者たちをまるで小学生かと思えるくらいに従順にする。そして、いざというとき政府の論理にだまされてしまうのだ。

ただ、そうなってしまう原因はもうひとつある。それは、記者たちの勉強不足だ。私が現役の官僚だったときを振り返ってみても、記者クラブの記者は意外と何も知らない人が多かった。

例えば、経産省の担当で原発問題を扱っているといっても、基本的に役所が教えてくれることしか知らず、あまり自ら勉強しようという姿勢は感じられない。それよりもなんとかして役所に食い込もうと頑張っている。多くの記者は、知識的には官僚から見れば素人同然だ。そのため、ペンは剣よりも……どころか、まったく怖くない存在である。普通に政策の話をして

「国民のためになりますよ」とやっていれば、マスコミとの付き合いは非常に穏便だ。

優秀な官僚は、そんな彼らをアメとムチで飼いならす。例えばアメとしてスクープを記者に提供した際、上司から「まだ与党に根回しも済んでないのに、なぜこんな記事が出ているんだ」とひと悶着《もんちゃく》ある場合もある。その後、こじれて大変なことになる場合もあれば、〝有能な〟役人が結果オーライでうまく収めてしまうこともある。

そのくらいのリスクを背負ってでも特定の記者に恩を売っておくのは、役所にとっても都合のいいことだ。何かの問題が起きたとき、苦しい言い訳しか言えなくても、貸しがある記者なら理解しようと努力してくれるかもしれない。日頃、官僚に対して批判的なメディアに対しても、デキる官僚はたまにアメを与えることで、ある程度制御できるようにしておくのだ。

今井尚哉総理秘書官などはマスコミの使い方をよく心得た官僚で、批判的な記事を書いたメディアを徹底的に干すようなことも平気でやっていたという。ある番記者が教えてくれたのだが、あるとき夜討ち朝駆けで自宅前に張っていた数社の記者たちに対し、「朝日（の記者）がいるなら、俺はしゃべらないよ」と、何もしゃべらず家の中へ入ってしまった、なんてエピソードもあるそうだ。ハイヤーを会社に出してもらって何時間も待って、取材の成果ゼロということになると、他社の記者たちも困ってしまう。朝日の記者に「もう来ないでくれ」と言った記者がいたという話もあるくらいだ。

こういうことを書くと、若い記者の中には自分が飼いならされていることにすら気づいていない人もいて、「いや、記者はそんなものじゃありません」という反論も聞くが、むしろ中堅記者などには、「おっしゃるとおりですね。特に若手記者はひどい」という人のほうが多いように感じる。自覚しているようでも、記者クラブという強固な下部構造は知らず知らずのうちに、その上に乗って動いている記者たちの行動を規定しているのだ。そして、優秀な官僚ほど記者クラブに従属する記者たちをどうやって「使う」かに日々知恵を出しているものだ。

守旧政治を抑え込む改革派官僚のマスコミ戦略

私は08年から09年にかけて公務員制度の抜本改革を担当したことがある。そのとき、改革派官僚たちと志のある記者たちのコラボが成立し、驚異的な公務員改革の案が作られた。あれは非常に珍しいケースだったといっていいだろう。

公務員改革は、ある意味、霞が関で最も難しい課題だ。技術的な問題も非常に多く、政治家には話を進める能力がない。そこで、改革案作りは必ず役人が主導することになる。

しかし、公務員には自らに厳しい案は作れない。お手盛りになってしまう。そこで、当時の渡辺喜美公務員改革担当相は内閣に置かれた国家公務員制度改革推進本部の事務局に私を審議官（内閣審議官）として送り込み、さらに私たちが選んだ民間人（有能な官僚OBを含む）を大量に雇ってくれた。もちろん、全体としては官僚のほうが多数で、その多くは私の敵だった。

普通にやろうとすれば、大きな改革はすべて潰されてしまう。

一方、政治家を頼れるかというとそれも難しい。多くの自民党議員は、各省庁と利権の分配で共生する族議員だ。公務員改革で官僚を敵に回すのは、自分たちにとってなんの利益もないから表立っては動かないが、陰に陽に守旧派官僚たちの肩を持つ。さらに悪いことに、頼みの綱だった渡辺担当相は改革に熱心すぎて自民党内で反感を買い、福田総理にクビにされてしまった。つまり、ほとんど頼れる者はない状況に陥ったのだ。

そこで、私が考えたのが、世論をバックに闘う戦略だ。官僚には選挙がないが、政治家は選挙が恐い。そこで、公務員改革に世論の関心を集め、「公務員改革＝国民の利益」というイメージをつくれば、それに後ろ向きな政治家は世論を敵に回すことになる。まずは、改革の重要性を記者たちに解説して理解してもらうために、毎日深夜まで徹底的に記者たちの取材に応じた。話をしているうちに、世の中を変えたいという志を持つ記者が見えてくる。私は、彼らに改革案を詳しく説明して、まずは理解してもらう。霞が関の中で財務省などが強く反対して潰しにきている状況もつぶさに知らせる。政治家の中で誰が後ろ向きかという情報も流す。そうすると、まじめな記者たちだからその裏を取りに行く。財務省に行って、「どうして改革に反対なのですか」と聞いたり、自民党の行革本部の議員に、「自民党は官僚寄りだそうですね」と質問したりするのだ。世論の批判を恐れた官僚や政治家はどうしても反対の動きを弱めざるをえなくなるという筋書きだ。

官僚も政治家も表向き反対できなくなってくると、私は記者たちに大胆な改革案をどんどん書いてもらった。一種のスクープになるから、記者たちは喜んで書いてくれる。それが新聞やニュース番組のトップで取り上げられれば、世間の目から逃れることはできなくなる。

もちろん、役所内では「誰がこんなことしゃべったんだ」とひとしきり問題にはなるものの、世間は公務員改革に霞が関が抵抗している図式をイメージしてしまっているから、表立って潰すこともできない。与党の担当大臣にしても、世間に知られている改革案を潰すことには、慎重にならざるをえないのだ。

ちなみに、私が国家公務員制度改革推進本部事務局に来て最終的に国家公務員法改正案をまとめる段階での公務員制度改革担当相は甘利明氏(08年9月〜09年9月まで。現自民党税制調査会長)だった。彼は、もともと革新系の強い選挙区の出だから、国家公務員法の改正案を潰すわけにはいかない。ところが、当時の麻生太郎総理は、公務員改革には完全に後ろ向きだった。非常に気の毒な立場だったが、官僚たちの抵抗にも負けず、自民党内の大反対も乗り越えて麻生総理に改革案を飲ませてくれた。もっとも、当時の麻生政権は風前のともしび。秋の選挙を控えて、改革を潰したという悪評は避けるしか手はなかったという事情もあった。その後、改革に反対する官僚の代表格だった人事院総裁(当時)の問題をテレビで報じるよう仕向け、世間の関心が高まったところで、甘利氏には人事院総裁とのバトルを演じてもらった。ふたりの討論は携帯電話ごしの怒鳴り合いにまで発展したが、最後は大臣が力でねじ伏せ、法案を人事院総裁に了承させた。そのおかげで、甘利氏は公務員改革法案をまとめる立役者となったのだ（ただしその後、改革法案は国会に提出されたものの、提出時の野党だった民主党は、選挙前に自民党の改革姿勢を印象づけるような法律の成立は好ましくないとして反対。政権奪取後も今度は連合などの反対もあり、棚ざらしとなった。）。

このように官僚が大きな改革に取り組む際には、守旧派の反対を排除し、改革に力を尽くす政治家をクローズアップして援護する。先に世論を喚起し、舞台装置を整えた上で、政治決着をしてもらうのだ。政・官・報3者のコラボによる既得権排除システムである。

ダイエー再生で活躍したのは新聞・テレビではなく週刊誌

マスコミと官僚のコラボといえば、04年のダイエーの再生のことを思い出す。ダイエーが過剰債務に苦しみ、産業再生機構がその支援に乗り出そうとしていたときのことだ。第2章でも述べたとおり、私は産業再生機構をつくる法案策定を担当し、同機構設立後は執行役員として1年間出向した。そのとき、カネボウなどの再生案件で情報リークを求める親元の経産省と徹底的に戦ったため、1年でその任を解かれ経産省に戻されてしまった。しかし、その後も私は経済産業政策課長というポストで非公式に同機構の事業再生業務を支援していた。一方、経産省はダイエーという日本最大のスーパーの再生は、所管官庁である経産省主導で行なうべきだと主張して、機構による再生に大反対していた。当時の事務次官は、「ダイエーを機構に取られたら、経産省の鼎《かなえ》の軽重が問われる」と部下に大号令をかけていたそうだ。

しかし、経産省の天下りも含めダイエーへの影響力を維持したいというよこしまな考えを持つ経産省にまともな再生などできないし、そもそも彼らにはそんな能力もなかった。そこで、私は一計を案じた。それは、最終的にはこの案件が総理にまで上がることを予想して、総理に「ダイエーの再生は機構でやるべきだ」ということをあらかじめ説明しておくということだ。しかし、私はダイエーの担当でも機構の直接の担当でもないから、官邸にその案件で正式に近づくことはできない。もちろん、総理秘書官までは説明して理解してもらっておくが、反対する経産省もそこまでは当然根回しに入るはずだ。

そういうときに官僚の使う手は、新聞・テレビにリークして世論操作を行ないながら官邸に影響力を及ぼすことである。しかし、そのとき使った手はちょっと違った。それは、週刊誌を使うという方法だった。その理由は、ある経済評論家にアドバイスを受けたからだ。

「古賀さん。小泉さんは毎日役所から上がってくる書類にうんざりしているらしいですよ。資料を上げるよりも、週刊誌の記事にして上げたほうが、ちゃんと読んでるみたいです。もちろん、面白くないとだめですけどね」というのだ。どうも飯島勲総理秘書官の話らしいとわかった。そこで、その人に頼んでポイントを押さえた、しかも面白い「ダイエー再生」の記事を何回も週刊誌に書いてもらった。その記事を当時の飯島秘書官が「これが真相ですよ」と解説しながら小泉総理に見せたのであろう。その後の展開は、意外なほど機構寄りのラインで進んだ。最後に、当時の中川昭一経産相が、ダイエーの高木邦夫社長を監禁して機構入りを断念させようとするという「事件」も起きたが、そうなったときも官邸から待ったがかかって、結局、ダイエーは機構が支援することになった。経産省は完敗である。その直前、経産省の次官は勝利を確信して祝杯を挙げていたそうだが、思わぬ大逆転負けに、「腰が抜けるかと思った」と言ったそうである。まさか、総理が「週刊誌」と飯島秘書官の解説で正しい情報を得ていたとは思わなかったのだろう。

当時は異色の手法だった週刊誌の活用は、今や「文春砲」という言葉に象徴されるとおり、ごく普通の世論操作方法になった。安倍政権では、ここぞというときのリーク先は、新聞テレビに限らず週刊誌も同等の扱いになっていた。記者クラブから見ると強力なライバルの登場で、ますます「スクープ」取りのために政権にすり寄らなければならないという厳しい状況になったのだ。

「取材しない、英語ができない、訂正しない」記者たちによる誤報「TAG」

日本の記者の特色として、「役所が言ったことは、裏取りをしない」で書く傾向があるということが挙げられる。財務省の幹部がしゃべれば、その裏を取らずにとりあえず、「……と、財務省関係者は語った」と書いてしまう。財務省関係者がしゃべったという意味では事実であり、間違いではないが、語られた内容が事実かどうかは保証の限りではない。こういう場合、本来は、その語られた内容について、反対のことを言いそうな関係者や有識者に取材して、もし、違った見解があれば、双方の話を吟味して、記事を書くべきだ。しかし、時間的制約でそれが許されない場合もある。その場合は、第2弾でそういう手順を踏んだ記事を書くべきだ。もちろん、最初の記事で伝えた財務省幹部の話が誤りであったら、素直に訂正記事を出すべきである。

しかし、日本のメディアが訂正記事を出すことは極めてまれだ。ほとんどないと言ったほうがよいだろう。新聞やテレビの報道はスピードが命という面もある。だから、時として間違いを犯すことは避けられない。従って、報道には間違いがつきものであることを認めるべきだ。それを前提にすれば、間違いをゼロにすることを目標にするのではなく、間違いがあったら即座に訂正するという方針を掲げればよい。そうすれば、国民は決してその間違いをことさらに批判することはないだろう。

ところが、実際に起きているのは「報道機関の使命は、第一に、真実を伝えること」という「お題目」にこだわるあまり、「マスコミは間違った報道をしない」という無謬《むびゅう》性神話に支配され、間違いを素直に認めることを避けるという状況だ。そして、間違いをなんとなくうやむやにして、知らないうちにどこかで方針転換をして、そ知らぬ顔で最初の報道とは違ったことを当たり前のように書くということが横行している。

その最たる例が、18年9月26日に行なわれた日米首脳会談後に発表された日米共同声明の報道である。

この事件をひと言で表せば、日米共同声明について、本来は正式な文章でない共同声明の要旨（日本語）というものが日本政府によって捏造され、それに基づいて日本のマスコミだけが大誤報を行なったということだ。

その核心的な間違いは、実質的には日米ＦＴＡ（自由貿易協定）交渉の開始が合意されていたのに、その事実を覆い隠し、正式な共同声明には書かれていない「日米物品貿易協定」という「モノ」の貿易に限定した協定の交渉の開始について合意したというストーリーをでっち上げたということである。

この大スキャンダルは、安倍総理の意向に沿って茂木敏充経済財政担当相（現外相）指揮の下、外務省・内閣府・経産省などの官僚がコラボして実行された。しかし、視点を変えると、そんなわかりきった捏造が堂々とまかり通ったのは、日本のマスコミの「おかげ」だということを指摘しておかなければならない。

当時、安倍総理は日米ＦＴＡ交渉のような包括的な通商交渉を行なうということは、絶対に国民に対して言えない立場にあった。自民党の重要な支持基盤のひとつである農協などがＦＴＡ交渉になれば日本の農業が壊滅するような譲歩を強いられると信じていたからだ。

そこで、茂木担当相以下が考え出したのが、「物品貿易協定（TAG：Trade Agreement on Goods)」だった。

日本政府は、現地の日本記者に「TAG」とはっきり書いた共同声明の要旨を日本語で配り、安倍総理も単独の記者会見で、合意したのは物品のみに関する貿易協定（TAG）についてであって、FTAではないと強調した。この政府の発表をうのみにした日本のメディアは、第一報として一斉に「日米FTAを回避」「TAG交渉開始」と大々的に報じたのだ。

実際は、正式な共同声明は英文だけで、その英文には「TAG」という言葉はなかったことや在日アメリカ大使館の日本語「仮翻訳」にも「日米物品貿易協定」「TAG」いずれの言葉もなかったことなどは、後に私が指摘して初めて明らかになった。

つまり、日本のメディアはそろって、日米首脳会談という重要な外交案件について、完全に間違った情報を流したのだ。「大誤報」と言ってよいだろう。もちろん、各メディアともその過ちには後から気づき、軌道修正を図ろうという動きに入る。しかし、間違いだったとは決して言わないのが日本のメディアの最大の特色のひとつだ。

誤報を認めずに軌道修正するために、その後のマイク・ペンス副大統領の「FTA発言」や海外メディアの「FTA報道」を伝えて、「日米の間に食い違いがある」という報道をする。これが第一段階だ。「食い違い」があって、変ですねと書く。これによって、正しい情報も伝えたという形にはなる。その後、どうも共同声明には「TAG」という言葉はなかったらしい、という報道が出る。しかし、だいたいはほかの話をするなかでさらりと触れておくという程度だ。

結局、英語が正文で、日本語はなんの効力もないということを正確に報じるところはなかった。「正文は英語である」ということをサラッと触れてアリバイづくりをしたテレビ局もあったが、ほとんどの視聴者はそのことに気づいていないだろう。ひどいところは、間違いに気づいた後も堂々と「TAG」という言葉を使い続けていた。NHKや読売、日経などはそうだ。

18年12月21日、米通商代表部（USTR）は、日本との貿易交渉に向けて22項目の交渉目的を発表した。物品貿易、衛生植物検疫措置、税関・貿易促進・原産地規則、貿易の技術的障害、物品規制慣行、透明性・公表・行政、通信・金融を含むサービス貿易、電子商取引・国境間データ流通、投資、知的財産、薬・医療機器の公正な手続き、国有・国営企業、競争政策、労働、環境、反腐敗などの項目が並んでいた。

物品交渉に限るという日本の主張とはまったく異なり、そこに並んだ項目は非常に多岐にわたる。これだけの交渉を行なうのであれば、安倍総理が再三否定してきた「包括的なFTA」に向けた交渉であることは誰にもわかる。

この交渉では、とりあえずトランプ大統領の都合で、日本の農産品の関税をTPP並みに下げるという日本側の譲歩の部分だけが先行的に妥結・実施された。日本側が求めた米国の自動車関税撤廃はゼロ回答のまま、見かけ上米側も一部の関税を下げたが、ほとんど意味のない内容に終わっている。米国は対中国問題や新型コロナ対応で手いっぱいであるため、今後の交渉再開がいつになるかはわからないが、どこかの段階で、米側からあらためて包括的な要求がなされることははっきりしていることを忘れてはならない。

実質賃金大幅マイナスを報じさせなかった官僚の技

政府の大事な仕事は、第1に国民の命と安全を守ること、第2に国民生活を豊かにすること。そう言えば大方の人はうなずくはずだ。

では、国民生活の豊かさを測る尺度は何か。

豊かさを数字で測るなら、個人の収入がいくらあるか、そしてそれが以前に比べてどれくらい増えているかは大事なことだ。

ただ、金額の増減を比べるだけでは足りない。実際の価値を測るためには、物価との関係を見る必要がある。去年の収入が２００万円だった人が、今年は２％増えて２０４万円になったとしよう。物価が２％上がれば、２００万円のものは平均して２０４万円になっているから豊かさは変わらない。物価が２・５％上がれば、同じものを買うためには２０５万円必要だから1万円足りなくなり、その人は貧しくなったということになる。

つまり、豊かさを測るためには名目でいくらもらったかよりも、物価上昇分を除いてどれくらい給料が増えたのかを見なければならない。

さて、まずは次ページの【図表1】を見ていただきたい。これは20年2月に発表された厚生労働省「毎月勤労統計調査」の、発表時に担当官が使った資料本文に掲載された表だ。暦年で給与（賃金）を名目と実質で数値化してその推移を示している。

仮にあなたが新聞記者で、これを見て記事を書くとしたら、何を見出しにするだろうか。そして、その扱いはどれくらいの大きさにするべきだと考えるだろうか。

前の解説を参考にすれば、国民生活に一番大事な「実質」賃金（指数）が、第2次安倍政権前の平成24年（12年）の104・5から令和元年（19年）には99・9まで、約4・4％も下がっていて、平成30年（18年）から令和元年も大幅なマイナスだったということが一番大事なニュースだと思うだろう。

これは大きな節目のニュースだから、この数字だけでなく特集などを組んで、なぜ賃金が上がらないのかなどについて詳しく論じるべきだと思うかもしれない。

しかし、ほとんどのマスコミはこの話を大きく取り上げなかった。

実は、実質賃金が大幅にマイナスになっているということが比較的大きく取り上げられるようになったのは、厚労省による毎月勤労統計調査の不正が発覚した18年12月以降のことだ。そのときは、まるで厚労省が安倍政権下で実質賃金が下がったことを隠すために統計不正を行なったかのような報道があったが、そのデータは毎年ちゃんと公表されていた。この表を見ればわかるとおり安倍政権の7年間で実質賃金が上がったのは2回だけ。国民がこのことをよく知らなかったのは、マスコミがこれを「正しく」報じなかったからだ。

「正しく」と書いたのは、報道はされていたのだが、その伝え方が非常に稚拙だったという意味だ。どういう報じ方をしていたかというと、毎年新しい数字が出るたびに、「○○年の賃金は前年から○○%下がりました」ということだけを伝えていたのである。1年前と比べただけの数字だから長期のトレンドはわからない。

なぜそうなるのか。それは厚労省の発表の仕方に罠が仕込まれているからだ。次ページの【図表2】は、厚労省の会見に資料として記者に配られた『付属の解説資料』のほうにある【図表1】を視覚的に示したグラフだ。

【図表1】

	実質賃金	【前年比】	名目賃金	【前年比】	消費者物価指数（参考）	【前年比】
平成24年	104.5	--- %	99.7	--- %	95.4	--- %
25年	103.6	−0.7 %	99.4	−0.2 %	95.8	0.5 %
26年	100.9	−2.8 %	99.9	0.5 %	99.0	3.3 %
27年	100.0	−0.8 %	100.0	0.1 %	100.0	1.0 %
28年	100.8	0.8 %	100.7	0.6 %	99.9	−0.1 %
29年	100.6	−0.2 %	101.1	0.4 %	100.5	0.6 %
30年	100.8	0.2 %	102.5	1.4 %	101.7	1.2 %
令和元年	99.9	−0.9 %	102.2	−0.3 %	102.3	0.6 %

＊実質賃金は、名目賃金指数を消費者物価指数（持家の帰属家賃を除く総合）で除して算出している

出典：厚生労働省「毎月勤労統計調査 令和元年分結果速報の解説」（https://www.mhlw.go.jp/toukei/itiran/roudou/monthly/r01/01cp/dl/sankou01cp.pdf）【実質賃金指数、名目賃金指数】をもとに編集部が作成

第2次安倍政権（平成24年末成立）で実質賃金が大きく下がったのがよくわかる。

　ただ、その会見の発表文の冒頭には次のような言葉が書かれていた。

「（令和元年は前年と比較して）現金給与総額は32万2612円（0・3％減）となった。」

　これは「名目給与」のことである。そして「実質賃金」についての記述はなかった。

　一方で、会見で担当官が使った同じ資料の後半に掲載されていたのは次ページの【図表3】だ。それを数字で表した表（毎年の実質賃金の増減についての数字。令和元年は前年比0・9％減少とある）もある。資料の本文では、この【図表3】をもとにして実質賃金の増減について説明していた。

　この表はうまく作られていて、いかにも長期のトレンドがわかるように思える。しかし、

【図表2】

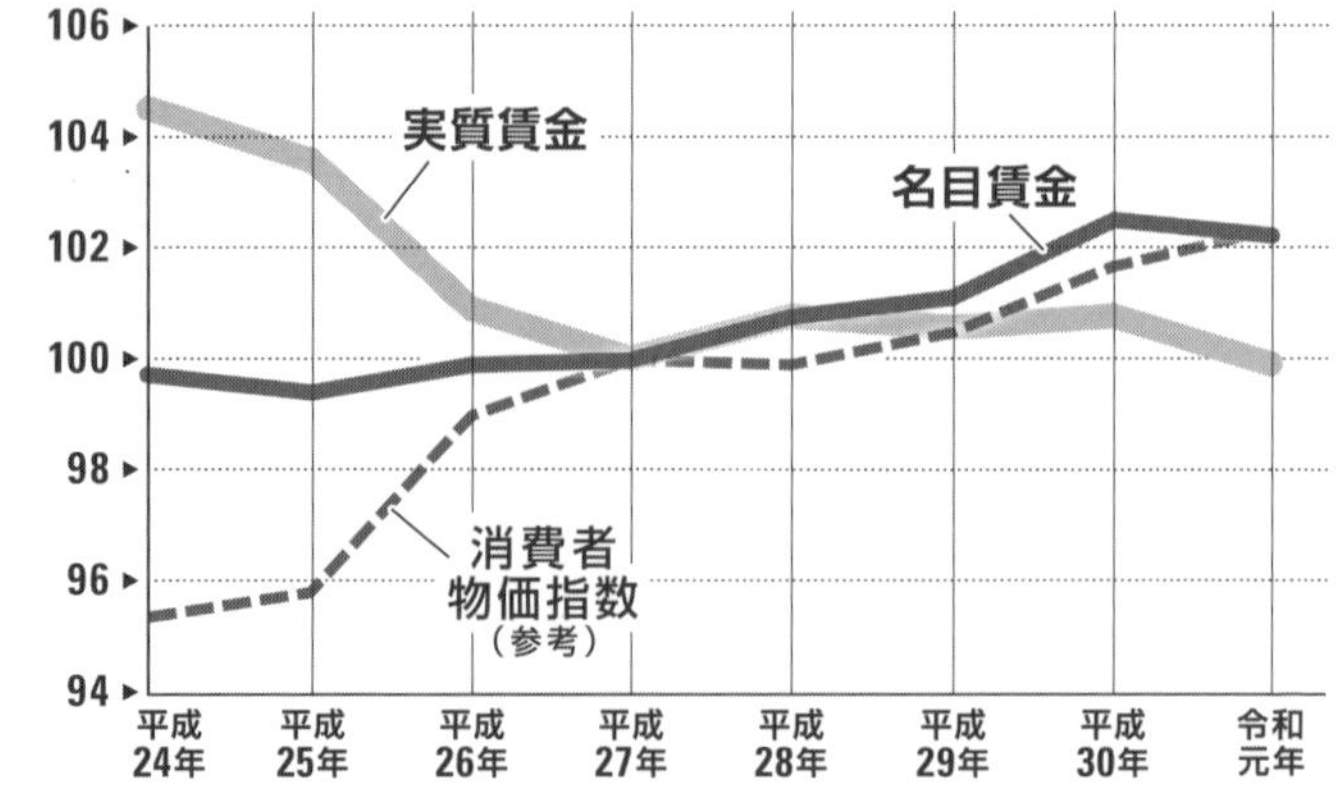

出典：厚生労働省「毎月勤労統計調査　令和元年分結果速報の解説」（https://www.mhlw.go.jp/toukei/itiran/roudou/monthly/r01/01cp/dl/sankou01cp.pdf）【実質賃金指数】をもとに編集部が作成

よく見てみると毎年の数字はすべて、前年比の増減率でしかない。だから前年に比べての変化はわかるが、2年前、3年前との比較となると非常にわかりにくい。実質賃金のことを知りたいと思った記者がこのグラフとその統計数値の表にたどり着いたとき、何を書こうと考えるかというと、「実質賃金は前年比で0・9%減った！」ということになる。前年が増加で前々年が減少だから、修飾語をつければ、「2年ぶりに減少」ということになるのだ。

　それは間違いではないが、その見出しを読んだ読者は、「今年はマイナスだった」ことと「去年はプラスだった」ことを知るのだが、その結果、実質賃金の変化は一進一退なのかと思うだろう。

　だが、もし記者がこの発表文と厚労省の官

【図表3】

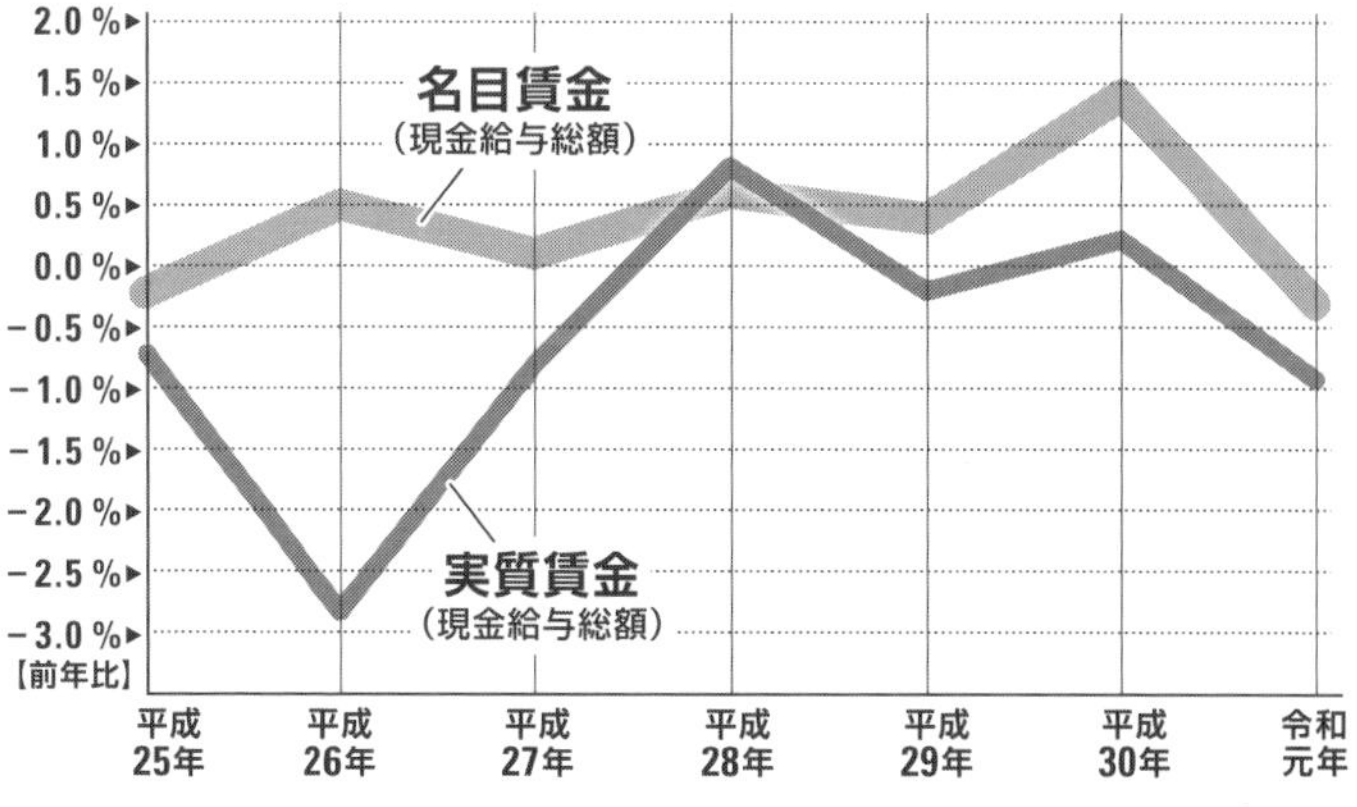

出典：厚生労働省「毎月勤労統計調査 令和元年分結果速報」（https://www.mhlw.go.jp/toukei/itiran/roudou/monthly/r01/01cp/dl/pdf01cp.pdf）【賃金の動き 労働者全体】をもとに編集部が作成

僚の説明だけでなく、解説資料を丁寧にめくってみれば、【図表2】のグラフにぶつかり、「安倍政権では実質賃金は大幅減少で、今も減少し続けている」ことに問題意識を持ったはずだ。

記者クラブの弊害はこういうところにもろに表れる。取材の努力をまったくしなくても、会見がセットされ、資料が配られて丁寧な解説も自分のオフィスと同じ建物の中でタダで聞くことができる。それを右から左に文字起こしすれば、記事になるのだ。

こんな楽な商売はない。しかも、競争相手の会社の記者たちも同じ取材をして、そのまま記事にするのがわかるから、安心して寝ることができる。

繰り返しになるが、厚労省の統計不正発覚のはるか前から実質賃金の大幅減少はわかっていた。私は何度もその点を指摘してきたが、大手メディアでこの問題を大きく報じたところはなかった。ところが、19年の通常国会で、毎勤統計不正が話題になると、「アベノミクスで賃金が下がった！」と野党や大手メディアは大騒ぎを始めたのだ。

厚労官僚たちの誘導のままに記事を書かされていた大手メディアの記者たちの責任は重い。

基礎知識のない記者が日産と経産省に操られた「ゴーン事件」

マスコミが相手にするのは、役所のキャリア官僚で、彼らの多くは東大卒や一流大学卒である。一方、大手新聞社の記者の多くも一流大学卒だ。東大卒の記者も珍しくない。東大卒だから、一流大卒だから優秀だというわけではないのはもちろんだが、日本の大手メディアの記者たちと付き合っていると、どうしてこんなことを知らないのだろうと思うことが頻繁にある。

特に法律や経済学の基礎知識の欠如には驚かされる。もちろん、ある役所の担当になった場合、その所管事項については、官僚のほうが詳しいに決まっている。そのこと自体は問題ではない。なぜなら、官僚の知識はある意味で狭い範囲のものだ。より大きな視点で見る目を持った記者から見れば、彼らのおかしな点を見つけることはそれほど難しいことではない。とりわけ、省庁の利権のために本来あるべき政策をゆがめている場合は、おのずと彼らの説明には説得力がなくなるものだ。

その点を見極めることこそが記者の存在意義になると私は思っている。ところが、役所の仕事についての専門的な知識ではなく、基本的な法律や経済の知識がないために、簡単に官僚や企業にだまされるということが多いのが、日本のメディアの特徴であるような気がしている。

例えば、18年の年末から19年1月にかけて大きな関心を集めた日産のカルロス・ゴーン会長の事件。自身が得た役員報酬を、実際の額より少なく有価証券報告書に記載するという容疑で逮捕されたゴーン氏だったが、その後、保釈中に日本から高飛びをするという前代未聞の出来事であった。しかし、この事件に関連してこんな報道が目についた。

——フランスのルノーは日本の日産の株を43%保有していて議決権もあるのに、日産はルノーの株を15%保有するだけで、しかも議決権もない。アライアンス（協業・提携）と言いながら、実はルノーが日産を支配するという極めて不平等な関係を強いられているのだ——

私は、思わず噴き出してしまった。なぜなら、日産は90年代に経営危機に陥ったとき、政府からも銀行からも、ほかのあらゆる民間企業からも見捨てられた会社だった。それを救ったのがルノーだ。株を過半数取られなかっただけでも穏便な措置だといえる。株を43％持たれているということは、日産は事実上ルノーの子会社になったということ。その子会社が、親会社のルノーに支配されていることのどこがおかしいのか？　しかも、今頃になって「日本の日産」と日の丸意識を持ち出す。一度見捨てておいて、よく言うなという感じだった。

しかし、経済部の記者でさえ「これっておかしくないですか？　明らかに不平等ですよね？」と聞いてくる。飲み屋の酔っぱらいの会話ではない。大手メディアの経済部の記者の話だ。そして私が「どうして、おかしいと言えるんですか？」と聞き返すと「だって、事実上ルノーが日産を支配してるじゃないですか。それでアライアンスというのは変じゃないですか？」と言うのだ。

ゴーン会長の事実上の独裁を許す体制になっていたことがガバナンス上、問題であることはもちろんだ。しかし、だから日産とルノーが対等でなければならないということにはまったくならない。ゴーン憎しと日の丸意識とが混然一体となって、日産とルノーは対等な関係でなければならないと勝手に思い込んでいるわけだ。

43％の株を持って、その会社を事実上支配するのは当たり前のことだ。もちろん、ほかの少数株主の権利が「不当に」侵害されているということになれば話は別だが、43%の議決権を行使して、役員人事に影響を与えるのは正当な行為でなんら問題はない。もし、それが問題だというなら、国をまたいだ親子上場を禁止するルールを東京証券取引所に導入するなどの対策を取るべきだが、日本は親子上場に関して極めて寛容だ。それを棚に上げて、ルノーが日産を支配するのはおかしいと叫ぶのは明らかに日産経営陣への不当な肩入れである。

もちろん、心情的に日産の社員がルノーに対してより平等に近い関係を望むのはわかるが、それなら、日産がルノーと交渉をしてよりよい関係を構築する努力をすべきであって、それはあくまでも、日仏両国の法律と2社の間の交渉によって決まる。また、新車の生産をどこで行なうかについて、ルノーの利益のために日産の利益が犠牲になっているというなら、それに反対する議論を取締役会で行ない、さらには株主総会でも堂々と議論すべきだ。それが日産経営陣が日本の株主に対して負っている責任だろう。しかし、日産経営陣がそういう行動を起こした形跡はない。単に「ゴーン独裁」を言い訳にして、自分の保身を図っていただけなのだ。

つまり、まず非難されるべきはゴーン会長だとしても、2番目に非難されるべきは日産の役員である。日産役員の任務懈怠《けたい》によって日産がルノーの言いなりになる状況を放置しておきながら、感情的に「不平等だ！」と叫んだところでなんの意味もないはずだ。しかし、日産の西《さい》川廣人《かわひろと》社長（現在は退任）の最初の記者会見で、同氏を追及する記者はほとんどいなかった。

こうした短絡的な報道が横行するのは、記者たちに会社法を含めた法律の基本に関する認識がないからではないのか。その無知につけ込んだ日産の幹部や広報部隊が、メディアにゴーン悪玉論を流す。そして、ゴーンはけしからんという世論をつくり、ゴーンはルノーの手先だからルノーもけしからんという流れに持っていったのだ。ルノーから見れば、「とんでもない不祥事を起こしたのはルノーじゃない。日産のほうだろう。逆恨みをするのもいいかげんにしろ。こんなことを利用してクーデターを起こすなんてとんでもない裏切りだ！」と言いたくなる話だと思う。

そして、このときの報道に大きな影響を与えたのが、経産官僚である可能性が高いことも忘れてはならない。自動車担当の取材とともに、経産省記者クラブ詰めの記者も経産省幹部などに取材する。このとき、いかにも中立者を装った経産官僚たちは記者たちをうまく「反ルノー」に誘導したのだ。もちろん、かつて日産を見捨てたのは経産省も同じ。しかし、復活した日産は大事な天下り先でもある。ルノーの支配力が強まることは大事な利権を維持する意味でも避けたいし、「日の丸主義」の総本山としてのプライドも許さない。

そんな官僚のアドバイスを聞いて、日産広報の垂れ流し情報の「裏取り」をしたと考えた記者がいるとすれば、「愚か者」のレッテルが貼られても仕方ないだろう。

先進国標準のマスコミを持たない日本の悲劇

こうしたことを書きながら感じるのは、日本は「先進国」にはなれなかったということだ。先進国と呼ぶには、通常はひとり当たりのGDPなど、国の経済がひとり当たりで見て大きいかどうかを基礎として判断することが多い。しかし、私はそれ以外にも重要な要素がいくつかあると考えている。詳しい話はまた別の機会に書くことにするが、重要な要素として挙げなければならないのが、「報道の自由が保障され、マスコミが権力を監視する気概と能力を持っている」ということだ。

その観点からいうと、日本のマスコミは気概において「忖度報道」という言葉が示すとおり、あまり信用できない。さらに困ったことに、能力において政治家や官僚に太刀打ちできる記者が非常に少ないという点も踏まえると、先進国基準を満たしていないのではないかと感じる。

普通の「先進国」では、マスコミが権力を監視するという機能を果たしているので、政府や業界の発表のおかしいところをすぐに見抜いて、例えば賃金について「安倍政権になってから大幅に下がっています」ということを繰り返し報道していたはずだ。

毎月、1ヵ月だけの上がった下がったという報道をしているだけの日本の大手新聞の記者は、「予定稿」で数字と増減のところだけを空欄にしておいて、厚労省の発表があるとその数字の幅に応じて「大幅に」とか「微」増・減というような修飾語をつけて見出しを作り、本文は厚労省の発表文をコピペするというお粗末な記事を作っている。そう疑いたくなるのが日本のマスコミの実態なのだ。

そもそも、官僚がマスコミをだまそうと考える背景には、どうせマスコミは気づかないと高をくくっているという面も大きい。その上に、安倍政権になってから政権の圧力と懐柔に屈して真実を報じにくくなっていたから、状況はますます悪くなった。

次から次に生まれる官僚の公文書捏造、隠蔽、改ざん、廃棄なども、マスコミの監視機能が失われていることの裏返しと言ってもよい。

こんなマスコミしか持てない日本という国は、やはり先進国とはいえない。

対役所における、マスコミのあるべき姿とは

役所の側から見た優秀な官僚とは、自分たちの利権を守り、あるいは拡大することができる人間だ。例えば、もし石油産業を規制する石油業法などについて規制緩和をする動きが出てきたなら、経産省はみすみす利権を手放すことになるから大変な騒ぎになる。昔の大規模小売店舗の立地規制の緩和も同様だ。スーパーマーケットの立地について厳しい規制をかければ、スーパー業界ににらみが利いて天下り先を確保できる。他方で、規制で守られている中小企業団体や商店街振興組合などにも天下り先を維持してきた。規制緩和すれば、どちらの側に対しても影響力が弱り、天下りという大きな利権を失うことになりかねない。私のように、そうした規制緩和のためにメディアを使って事を荒立てる官僚は、役所からすれば裏切り者の部類だろ

う。

どちらにしても、官僚の側から見れば、マスコミとはよくも悪くも自分たちがやりたいことに向けて世論づくりをする手段のひとつということになる。

一方でメディアの本来の役割とは、事実を報道し、権力を監視することだというのは、この章で何度も言ってきた。しかし私は、もうひとつマスコミには重要な役割があると考えている。それは、「論を立てる」ことだ。すなわち、いくつかの選択肢がある場合に、それを丁寧に紹介するだけでなく、その中でどの道を選ぶべきかを示す役割だ。これには異論もある。公正中立を保ち、自説や立ち位置を明確にすべきではないという考え方だ。とりわけ、テレビ局にはこの考え方が強い。しかし、公正中立とは自分の良心において中立と理解すべきで、Aという意見とBという意見があった場合、どちらを支持するかを言えないのはおかしい。

そう言うと、新聞は社説欄で社としての意見を堂々と書いているという反論があるかもしれない。しかし、私から見れば最近の社説の多くはアリバイづくりの場と化している感がする。読み込んでいくと、さまざまな留保がついていたり、とりあえず意見は言った形をとっているが、強く主張することは非常に少ない。例えば論説主幹や社長が職を賭す覚悟で、社説欄ではなく全紙面を使って集団的自衛権違憲論を展開して世論を喚起する、といったことも行なわれなかった。

官僚たちは、記者たちの覚悟が本物かどうかをいつも見ている。昔は、付き合っていて「こいつを怒らせたら恐いな」と思う記者がけっこういたが、最近はめったにお目にかからない。記者たちに信念がないと感じることが多いのだ。政府のやることに「盾突く」ために、そこまでやるのかと思わせるようなすごみを感じなければ、権力の暴走を止めるなどと言ってみても単なる絵空事だ。官僚になめられていては、ほとんど世の中の役には立たないと思ってもらったほうがいいだろう。

改革派官僚が頼りにするメディアとは

ここまでの話を読むと、マスコミは悪いところばかりだと思う方もいるかもしれないが、志の高い記者もいないわけではない。署名記事が少ない日本でも、最近は名前を出して書く記事が増えている。名前を出して政権に都合の悪い記事を出すのは、今はけっこうハードルが高い。しかし、それでも、それを継続している記者は少なくない。また、取材したことをまとめて、記者個人の名前で一見して政権批判とわかる本を出す中堅・若手記者もいる。

最近の代表格は、前項でも紹介した東京新聞社会部の望月衣塑子記者である。前述したとおり、望月氏は菅義偉官房長官の記者会見に頻繁に出席して、ほかの記者ができない厳しい質問を繰り返し投げかけ、安倍政権のアキレス腱になるさまざまな問題点をわかりやすくあぶり出すことに成功、一躍脚光を浴びた。

しかし、同氏の功績はそれだけにとどまらない。例えば、武器輸出問題を精力的に取材し、新聞記事に書くだけではなく、これを一冊の本にして、国民に見えにくい政府の武器輸出戦略とこれに対応する民間武器産業の実態を生々しく伝えた。こうして目に見える形にしてもらえると、読者は全体像を理解し、事実関係を知るだけでなく、何を警戒すればよいのかを理解することができる。

安倍政権のイケイケどんどんの軍事大国化路線に対して、反対の考え方を持っている官僚もいたはずだ。もちろん、彼らは当時の政治情勢のなかでは、ほとんど声を上げることはできなかった。しかし、望月記者が書く記事や本が世論に影響を与えれば、省内で反対論を唱えやすくなるのは確かだ。実際には、まだそこまでの影響力はないかもしれないが、このような志の高い記者の価値は、安倍政権が終わった今、むしろ従来にも増して高まっているというべきだろう。

「優秀な官僚」は、高度なテクニックを使って記者たちをだまし、あるいは手なずけようとする。安倍政権になってからは、総理や官邸の威光を借りて脅しをかけるやり方も横行していた。記者たちは、そうした戦略にはまらないように、日頃から緊張感を持って官僚に接しているはずだ。しかし最近の官僚は、従来の牽制球程度のやり方ではなく、まさに「殺しにくる」というところまできていて、どうしても官僚に「やられてしまう」記者が増える傾向にあった。

私の経験では、安倍政権の前までは政権批判を書きたい「信頼できる」記者を探すのに苦労はなかった。しかし、今は政権の問題点を記者に話しても、記事になる前にデスクに潰されるなどというのは日常茶飯事。官僚側にしても、運が悪ければはしごを外されるどころか、記者に話したことが役所の幹部や官邸に筒抜けになって、官僚生命そのものが危うくなるリスクがかなり高くなっている。

例えば、森友学園の問題について官僚が公文書改ざんの情報をリークしようとした場合、現場の記者は信用できても、その役所の記者クラブのまとめ役であるキャップに裏切られて、役所の幹部に情報が漏れるかもしれない。また、キャップまでは信用できても、デスクがビビッて記事が出なかったり、社の幹部から官邸に話が抜けて、秘密裏に証拠が消されたりする可能性もある。そして、情報をリークした官僚は重要情報から遮断され、少したってから左遷される。官僚は、そんなことを心配しながら、どうやって役所の不祥事を表に出していくかを考えなければならない。役所幹部や官邸との戦いに加え、マスコミ内部の敵との戦いにも勝たなければならないのだ。

これはスキャンダルのリークに限った話ではない。役所や政権が利権のためにやりたがらない改革を進めるときも同じ困難にぶつかる。それでもなお、官僚から見ると志の高い記者を味方につけることは、大きな改革を進める上では必須の条件だ。記者を味方につけるのは、マスコミを味方につける第一歩である。マスコミが味方につけば、国民が味方につく。そして国民が味方につくということは、選挙の際に民意に逆らえば落ちるかもしれないという恐怖を政治家に与えることにつながる。

これが一番大事な部分で、その際の舞台回しとしては前述した甘利氏の例でいえば、公務員改革はいいことなのだというイメージづくりをまず行ない、それを主導しているのは甘利氏だと周知させる必要がある。さらに甘利氏の敵、すなわち、悪役は誰かということもわかりやすく示す。そして、もしその甘利氏が悪役の守旧派官僚に負けたとなれば選挙にダメージがあるが、勝利すれば選挙での得票は一気に上がるかもしれないという状況に持っていくのだ。選挙結果に影響するというプレッシャーを政治家に対する最も効果的なアメとムチにするというやり方は、ちょっとえげつないと感じる人もいるかもしれない。しかし、よく考えれば政治家がやっていることを国民にわかりやすく示して、投票行動の判断材料にしてもらうということは、極めて民主的なやり方だということもできるだろう。これは規制改革でもなんでも同じだ。

ただし、天下りのように白黒がはっきりしているものはよいのだが、例えばTPPや日欧EPA（経済連携協定）のような複雑な事例では、ことの是非を判断するのは難しい。

そうなると、そこから先は、官僚とマスコミの実力勝負となる。そこで官僚がマスコミをだますようなこともあるかもしれない。記者側としては、日頃から人間同士の信頼関係をつくっておくことも重要だが、それに頼っていると思わぬ落とし穴にはまる。マスコミ側は、この官僚は本当に国民のためを思ってやっているのか、それとも次官の顔色や役所の省益を考えながら動いているのか、日頃から官僚の言動の是非を見極めていく目を養わなければならない。間違ってもただ一方的に役所に使われていてはならないのだ。

マスコミに今求められるのは、官僚に〝使われる〟リスクをしっかり意識しながらも、いい方向に動いている勢力を支援する形で報道することだ。そうすれば、社会は間違いなくよくなっていく。特オチを恐れて保身に走り、なあなあの関係を保つばかりでは何も変わらない。それこそ記者がもっとイニシアティブを握り、優れた官僚を見つけて後押しするくらいの動きがあってもいいと思う。

勉強と取材で官僚を超える記者はいるのか

マスコミが官僚に取り入って記事のネタをもらおうとするのではなく、互いに見識を持って見極め合う関係が出来上がれば、官僚とマスコミに新たな関係性が生まれる。そのために、記者は官僚だけではなく、官僚ではない人とも積極的に関係を持つ必要がある。

例えば、役所に対して批判的なことを言っている人、鋭い指摘をする人とも、記者は付き合いを深めていかなければならない。それは有識者のより深い意見を取り入れ、自らにない視点を得ることにつながる。

本当に専門的な部分になれば官僚でなければわからないことも多いが、海外の情報や理論的なことになれば、優秀な識者は多い。また、キャリア官僚だからといって皆が優秀なわけでもない。そもそも彼らはわずか1、2年で現場を離れる人材だから、真のプロフェッショナルにはなりえない。所詮は付け焼き刃の知識しかないという官僚のほうが、むしろ多数派だと言ってもいいくらいだ。

だから、官僚から話を聞いたらそれを自分で吟味し、さらに専門家の意見を広く聞いて歩いて、自らの考えを整理していくということを日課としていれば、おそらく官僚から一目置かれる記者になれるだろう。

もちろん、記者もそんなに暇じゃないことは承知している。取材だけでなく原稿も書かねばならないし、最近は新聞社もテレビ局も経営が厳しく、人員を拡大できずにいる。そこへきてタクシー代の節約まで迫られては、なかなか思うような活動はできまい。

昔は、取材や勉強に没頭して記者クラブで寝泊まりするというような記者もいた。家族はどうしているのだろうと思ったものだが、最近は男女共同参画時代。男性記者でも、忙しい仕事をこなしながら家事や子育ての手伝いもしなければと考える記者も増えてきたし、望月記者のように古色蒼然《そうぜん》たる男社会のマスコミ界でも数々のハンディを乗り越えて活躍する女性記者も増えている。彼女たちは、もちろん家族の協力は得ているが、家事や子育てにおいても主役をこなし、まさに八面六臂《ろっぴ》の活躍をしているわけだ。

役所から記者クラブに降りてくるネタをそのまま記事にしていれば、とりあえず記者稼業はこなせるわけだから、よほど意志が強くなければ、深く勉強するなどということは難しいかもしれない。しかし、それでもなお官僚に一目置かれる記者がひとりでも増えて、日本社会を変える原動力になってくれればと祈らずにはいられない。

サラリーマン記者が社会をダメにする

以上述べたとおり、私のマスコミへの期待は非常に大きい。

しかし、ひとつ気になることがある。

日本のマスコミの多くはサラリーマンで構成されているということだ。全国ネットのテレビ局や全国紙となれば、1年生から、サラリーマンの中でもかなりの高給に恵まれる。官僚や大手企業の社員と同じで、どちらかといえば「恵まれたエリートサラリーマン」であるのだが、それが、真のジャーナリズムが日本で育たない原因といえるのではないだろうか。

一般の人から見ると、記者は社会正義のために真実を伝えようと必死に頑張る人たちだというイメージがある。海外のニュースを見ると、独裁政権と戦って命を落とした記者の話もよく目にする。

もちろん、そういう人もいる。「ジャーナリスト」と呼ばれる人たちだ。しかし、日本の大手メディアの自称「ジャーナリスト」は、実はジャーナリストではない。彼らのほとんどは「サラリーマン」「会社員」だ。彼らにとっては、ジャーナリストであることよりも、例えば

「読売新聞社員」「テレビ朝日社員」であることのほうが重要だ。政府を監視するというジャーナリストとして当然の責務を果たそうとしたときに、それによって自分が会社員として出世できなくなるリスクがあれば、悩むことなく会社を選ぶ。

大手メディアの記者たちの給料は、それ以外の記者たちに比べて非常に高い。波風を立てず、そつなく仕事をこなしていれば、スムーズに出世できるだろうし、給料もさらに上がる。かつてのように〝一生安泰〟とはいかなくとも、定年後には子会社の役員に収まる「天下り」だって夢ではない。そういう意味では、官僚とほとんど同じ部類の人たちだと考えればよいだろう。

最初からこのような環境が与えられていれば、守りに入るのも当然。その結果、上司に逆らわず、会社の意向を忖度することで、官僚の御用メディアの出来上がりだ。

対照的に、欧米の大手メディアというのは、記者・ジャーナリストという職業がまず先にある。そして、日本のように「新卒でニューヨーク・タイムズに入社してから30年」などという記者はまずいない。たいていの記者は、小さなメディアやフリーランスでもまれ、のし上がってきた人材だ。

そしてスクープを重ねて名を上げて、さまざまなメディアのなかから自分に声がかかった際、彼らが選ぶのは報酬や待遇だけでなく、自分が書きたいことが書ける環境であるかどうか、なのだ。この違いは大きい。

これは組織構造の問題だからすぐに改善できることではないが、こうした問題を自覚しているかどうかが、その記者が真のジャーナリストになれるかどうかの分かれ道になるのではないだろうか。

「サラリーマン」と「記者クラブ」という最悪の組み合わせ

前に解説したとおり、記者クラブは官僚から見ると使い勝手のいい仕組みだが、メディアから見ても、大きなメリットがあることはもうおわかりだろう。

まず、記者クラブのおかげで日本のテレビ局や新聞社は潰れることがない。なぜなら、ほぼタダ同然でニュースが手に入るからだ。投げ込まれた資料や記者レクを要約し、「……と政府は言いました」とすれば出来上がり。役所の中に記者がいるのだから、追加取材が必要な場合でも、その場で完結させられる。

一方、記者クラブに入ることができないメディアは、テレビや新聞に情報が出てから初めて役所が発信した内容を知ることになる。慌てて取材しようと役所に問い合わせをしても、「担当者が不在です」と電話をたらい回しにされ、やっと取材アポが取れたのは3日後、なんてことも普通だ。こと役所絡みのニュースに関し、記者クラブの強さは圧倒的だ。

そんな記者クラブにとってのスクープとは、役所側から発表されることを一日でも早く報じることだ。

同じニュースでも一日早く出せるかどうかで、彼らの「社内評価」は大きく変わる。「サラリーマン」記者にとって、自らが価値があると信じる記事を書くのも大事だが、社内でどう評価されるかもそれと同じかそれ以上に重要だ。官僚の覚えがいいと、たまにそうした「早取り」の情報にありつけることがあるから、記者たちは必死に媚びへつらうことになる。そして、もし官僚に嫌われようものなら特オチをすることになりかねない。それにより「社内評価」がガタ落ちするから、日々そんなことが起きやしないかという恐怖に苛《さいな》まれることになる。

そんな状態だから、記者にとってはいかに役人と仲よくなれるかが至上命題。夜は可能な限り役所の人と飲みに行き、重要な問題が発生すれば担当課長や局長の家を毎晩張り込んで情報をもらおうとする。これが記者クラブの実態なのだ。

さらに若手記者たちも、記者クラブでのうのうとしている先輩記者の下で「鍛えられる」から、官僚に操られる記者の拡大再生産が行なわれる。

こうしてみると、サラリーマン記者と記者クラブの組み合わせが、日本の大手マスコミを堕落させた最大の原因だと言ってもよいのではないだろうか。

テレビ局の報道を崩壊させるダメトップの介入

ここで、テレビ局と新聞社の記者の気質の違いについて触れておこう。もちろん、新聞記者にもテレビ局の記者にも、個性のある人たちがいるので、それらをステレオタイプ化することに意味はないという議論もあるだろうが、それぞれの組織の特性の違いが記者たちにも影響を与えているのは事実だ。

新聞社とテレビ局の記者では、そもそも入社の時点で大きな違いがある。

新聞社を志望する人材は、たいてい記者職を目指して入社試験を受けるだろう。

これに対してテレビ局は、全体の中で報道番組はごく一部。スポーツやバラエティ、ドラマなど、さまざまなジャンルがあり、それぞれが異なる志望を持って入社試験を受けている。もちろん、入社したら必ず希望の分野で働けるとは限らない。つまり、記者になるかどうかは、人事部のみぞ知ることなのだ。

某テレビ局関係者に聞いたところによれば、最近は記者志望でテレビ局にやって来る人材が減っているという。数年前のことだが、大阪のある放送局では、内定者のうち報道部門を配属先の第1希望にした者はゼロという結果になったという。これは衝撃的なことだ。

「古賀さん、日本はどうなっちゃうのでしょうか。テレビ局はもう終わっていますね」

そのテレビ局関係者は私にそう嘆いたが、今や真実を伝えるジャーナリストの仕事自体が時代遅れになっているのかもしれない。

そして、これは若者だけの志向ではない。テレビ朝日の『報道ステーション』のように、明らかに報道よりもバラエティ色を強める方針が見て取れる〝報道番組〟も出てきたが、その原因は記者たちにやる気がないからではない。会社のトップがもはや報道機関としての使命を忘れた経営に走っているために、現場のプロデューサーやデスククラスが、間違った方向を向いて走らざるをえなくなっているのだ。

今や『報道ステーション』は、政治経済のニュースは明らかに二の次。事件、災害、天気、スポーツ、芸能などが優先されている。現場の記者も、一生懸命取材しても報道してもらえなかったり、非常に軽い扱いになるので、士気は下がる一方だ。以前であれば、系列外の新聞・テレビの記者やディレクターの多くも報道ステーションを見ていたが、最近は話題にも上らない。ある官邸官僚も「毎晩報ステのチェックをするのはもうやめたよ」と言うほどだ。報道番組としてのブランドは、少なくともプロの間ではほぼ壊滅したといってもよいだろう。

テレ朝経営トップは日頃から総理と飲食を共にし、蜜月ぶりを隠すどころか社内で自慢していると噂されるほど政権寄りの姿勢を打ち出していた。権力者に近づき、いざというときは携帯電話で連絡できる。そのことが、「自分は権力の中枢にいる」という錯覚を呼ぶのだろう。もちろん、それは錯覚であり、単に「権力の中枢に監視され言いなりになって喜んでいる」にすぎない。まったくの愚か者と呼ぶしかないだろう。

そして困ったことに、日本ではトップが堕落すると現場記者までダイレクトに影響が及ぶという構造がある。それは、経営が報道現場に簡単に介入するということだ。新聞社ではこうしたことはタブー視される文化がまだ残っているが、テレビ局ではトップの意向が直接ニュースに反映されるのが当たり前になっている。もともと、現在のテレビ局の幹部が入社した頃は、はっきり言ってテレビ局は二流の職場だった。新聞記者といえば昔から社会に貢献するプロフェッショナルとして社会的に尊敬される仕事だが、テレビ局員にはそんなイメージはまったくなかった。従って、今いる生え抜きの幹部の質は平均的にいえば非常に低い。だから、総理にチヤホヤされるとうれしくて舞い上がってしまうのだ。

そんな組織の中では、記者としては、へたに政権批判のニュースを作っても、社内評価が下がるだけ。無理しないで政権や役所と仲よくしていれば、時々スクープをもらえるかもしれないという、従順な「ポチ」になるのが最も合理的な選択になってしまうのだ。これでは、報道に関心を持っている新入社員でさえ、政権批判と取られかねない報道はやっぱりやめておこうということになるだろう。

あるテレビ局では、看板報道番組でMC（メインキャスター）を務める社員がスタッフに、「俺はあまり政権を批判しちゃいけないって、会長に言われてるからさ。無理なんだよね」と堂々と発言したという。だがそれも、今ではなんの驚きも呼ばない状況になってしまったそうだ。

このような悪循環で、上から下まで政権監視の役割など忘れてしまったふぬけ組織に堕落してしまうのである。

「放送法」という伝家の宝刀の威力

テレビ局と役所の関係といえば、これまで、たびたび放送法第4条がクローズアップされてきた。この条文は、放送局に番組編成にあたって政治的公平などを守るよう求めている。通説では、単なる倫理的義務を定める条文（違反しても罰則はない）とされているが、政府はこれと正反対の立場、すなわち、これに違反した場合は放送停止を含む懲罰の対象になるとしている。この条文と政府が採る立場により、放送局は常に番組内容について政府に監視されているという意識を持たざるをえない状況にある。

放送法を盾に電波を止めるようなことはめったなことでは起きないだろうが、それをちらつかせることで政府批判を抑制する効果は期待できる。現に14年冬の総選挙のときには、自民党が正式文書で、放送の「公平中立」などを要求し、選挙期間中の政策に関する報道が激減したということがあった。

放送法は総務省の所管だから、いざというときの法律の解釈はまずは総務省が行なう。従って、政治家の圧力の道具として使われるとしても、総務省がどう動くかは非常に重要だ。その意味で、総務官僚はテレビ局に対して絶大なる影響力を持っている。例えば、各省庁の予算以外の財布となっている数々の制度である競馬、競輪、競艇など一部の公営ギャンブルの収益金の使途などについては、過去にいろいろな批判があり相当改善が図られたが、総務省が所管する宝くじについて一切報道されることがないのはそのせいもある。毎勤統計で厚労省が徹底的に叩かれても、同時期に不正の隠蔽を図ったとされる統計全体の所管官庁・総務省への批判はほとんどされなかった。

野党議員もテレビが取り上げてくれない問題は、国会で追及しても自分の宣伝にならないので、取り上げない。こうして、総務省は役所の中でもテレビ局からの批判を受けなくて済む特殊な地位を得ているのである。

放送法4条撤廃議論の裏にある官僚の思惑は？

18年の自民党総裁選でも、この放送法4条は威力を発揮した。自民党は各テレビ局に対し、公平・中立の報道を要請する文書を出している。

これを受け、各社ともなるべく候補者の露出量を均等にするよう調整したようだ。なかには、安倍氏と石破氏、双方の放送時間を秒単位で測ってそろえたところもあったという。

このような機械的平等の扱いは、実質的には現職総理に圧倒的に有利な扱いをするのと同じ結果をもたらした。安倍氏については、首相としての公務を報じるニュースもあったわけだから、それと総裁選報道のふたつをどこで切り分けるかは番組サイドの線引きによる。もちろん、実際には全体としては安倍氏の露出のほうがはるかに多くなるのである。

しかし、テレビが視聴率を求めるメディアでもあるなら、いっそどちらを支持するかを鮮明にし、「正直・公正VS嘘つき・えこひいきの戦い」と煽るくらいでもよかったのではないかと思う。実際、アメリカでは番組により支持政党が明確に異なることがある。視聴者は自分で合わせるチャンネルを選べるわけだから、各局が一斉に同じスタンスで報じるよりもよほど健全に思える。

むしろ視聴者としても、「○○支持」というスタンスで作られた番組だとあらかじめわかっていたほうが、情報が理解しやすいはずだ。ところが日本では、中立のふりをして実は政権側であったりするからたちが悪い。それが中立的な内容であると信じ込んで放送を見た人は、自覚なく洗脳されてしまうだろう。

そもそも放送局を管轄する総務省自体、決して政治的に中立な組織ではない。

彼らが考えているのは自分たちの利権が第一で、そのための放送法や電波法というのが実情だ。規制はあったほうが彼らの省益につながるのだ。

ところが、かつて安倍総理が「放送法4条をなくせばAbemaTVのようになるかもね」と発言したというまことしやかな噂が流れた。17年の総選挙の公示2日前にAbemaTV（現ABEMA。テレビ朝日とサイバーエージェント社が運営するネットテレビ）に出演した際に、番組で思い切り持ち上げられた安倍総理が上機嫌で周辺に語ったというのである。そんなとんでもないことを一国の総理が言うのかなと思って聞いたものだが、実際に、政府の有識者会議における放送法の改正を含めた放送事業改革の議論では、当初、4条廃止がテーマになりかかっていたそうだ。そのときは、読売新聞グループ本社代表取締役主筆の渡邉恒雄氏が猛反発したことで沈静化したようだが、もし4条廃止が実現していれば、日本中のテレビがこぞって安倍礼賛番組を流すという事態が展開していたかもしれない。テレビ局の政権批判を完全に抑え込んだ安倍政権としては、さらに一歩踏み込んでテレビ局に自己の宣伝番組を作らせるという段階にステップアップしようとしていたことを図らずも露呈させた事件だった。

ちなみに、4条廃止は総務省の利権消滅につながるということを考えると、あらぬ噂を流したのは安倍氏周辺ではなく、案外、総務官僚だったのかもしれない。安倍氏が4条を廃止してテレビ局に自己の宣伝番組を作らせるという危険性をアピールして、世論の反発を高め、結果的に4条の温存を確保したということだ。

軽減税率は何度でも〝使える〟

テレビ局と政府の間にある特有の関係について解説したが、新聞社と政府にも同様に特有の関係というべきものが存在する。

19年10月の消費増税に合わせて、18年から19年にかけて、軽減税率がさまざまな話題を提供した。テレビ・新聞などでは、「みりん風調味料は8%なのにみりんは10%になるわけは？」など、何が対象になるのかとか、レストランでの飲食、テイクアウト、出前、ファストフード店内やコンビニ店内で食べる場合の税率の違いなどが面白おかしく取り上げられた。

しかし、新聞が軽減税率の対象となった理由や経緯については、ほとんど報道されていない。各戸配達の新聞は対象でも、駅売りは対象外というのも人々はほとんど知らなかった。これも重大なニュースではあるが、実は新聞業界はあまりこの話題に触れたくないのだ。

なぜかというと、自民党と新聞業界の間には暗黙の談合が成立していたからだ。それは、消費増税に新聞業界が反対しない代わりに、自民党は新聞を軽減税率の対象とすると約束していたのである。だから、新聞は消費税そのものに反対する記事は書かなかった。軽減税率を導入した欧州諸国では、この制度は失敗だったという議論が強くなっていたし、日本でも軽減税率に反対する世論の声が高まっていたが、軽減税率を止めるべきではないかという記事はまったく出なかった。

新聞業界は、ネットに押され販売部数の減少に苦しんでいる。このままでは倒産するのではないかと心配している社も多い。そんな苦境のなかで、8%から10%に引き上げられるその2ポイント分だけでも、値上げにつながる消費増税は命取りになりかねない。そこで、何がなんでも新聞を軽減税率の対象にしてもらって、延命を図ろうということになったのだ。

消費税はこれからも段階的に何度も上がっていく。つまり、軽減税率は政権にとって、何度でも使える武器なのだ。これからも、税率引き上げの議論を始めるだけで、その時点から実際に増税を実施するまでのかなりの長期間にわたり、新聞を牽制できる。政府にとっては強力なマスコミ抑制装置になるのだ。

ちなみに、軽減税率の対象を決めるときに重要な役割を果たすのは財務官僚である。自民党同様にこのテーマが議論になるときは、財務省は新聞社に対して非常に強い立場に立つということを忘れてはならない。

消費税といえば、コロナ禍での経済対策として消費税の減税が議論の対象になっている。これを新聞社はどう見ているだろうか。おそらく、新聞社は減税に反対だろう。なぜなら、8%までの減税なら自分たちの税率は8%だから利益はない。一方、8%未満に下がれば、減税分は購読者の負担が減るから販売部数増につながるかもしれない。しかし、減税は最初から時限で行なわれる可能性が高い。そうでなくても、すぐに再引き上げの議論が始まるはずだ。そのとき、再度、新聞を軽減税率の対象にするかどうかで、また政府から揺さぶりをかけられる。へたをすれば、軽減税率そのものが廃止され、新聞にも10%の税率が適用されるかもしれない。

そんな心配があるから、新聞は減税せよという論陣は張らないのではないかと私はみている。

第7章

官僚と公文書

「秘密だから出せません」で納得するな

ここ数年、公文書に関して「存在しない」「廃棄した」というニュースを見ることが非常に多くなった。

公文書に記載されている情報には、誰にでも開示できる情報もあるが、秘密扱いで一般には公開しない情報がある。文書を出せと要求しても、「秘密だから開示できない」「開示はするが秘密の部分は黒塗りにする」といった対応がなされるのはこのためだ。もちろん、法律上、公開しないことになっている文書が存在するのは事実だ。外交や軍事の分野などでは、相手国との関係や国家の安全を守るために外には出せない情報があることや、個人情報、企業秘密などはやたらと公開するわけにはいかないというのは素人でも理解できる。だから、「この情報は秘密です」と言われると、「そうか、それなら仕方ないな」と諦めてしまいがちだ。そして、役所がどうしても出せないというのはそれなりの理由があるのだろうと考えてしまう。もちろん、非開示とする理由を問えば、政治家や官僚はもっともらしい理由を述べる。そうした非開示理由を繰り返し聞いていると、情報開示を求める側は最初は違和感を抱いても、そのうちに慣れっこになる。情報公開請求をするときも、「多分非開示だろうな」と思い、非開示と言われると、「やっぱりそうだったか」と妙に納得してそれ以上開示を求めることを諦めてしまう傾向がある。

しかし、一般にはあまり知られていないかもしれないが、そもそも公文書は「法律上」公開するのが大原則で、非公開はあくまで例外である。その大前提として、「公文書とは国民の財産である」という基本哲学が存在する。

公文書管理法第1条には、公文書について「健全な民主主義の根幹を支える国民共有の知的資源」であり、その管理・利用は「現在及び将来の国民に説明する責務が全うされるようにすることを目的とする」と明記されている。

また、情報公開法第1条にも「国民に説明する責務が全うされるようにする」ことと「国民の的確な理解と批判の下にある公正で民主的な行政の推進に資することを目的とする」とある。

つまり、公文書の適切な管理と公開は、日本の民主主義を支える基盤という位置づけだ。ところが、私が官僚だったときの感覚でいえば、公文書が国民のものであると認識している役人など皆無だった。だからこそ、いかにも当然のように「それは秘密です」と胸を張って公開を拒否するのである。

公文書に関する官僚の4つの哲学

公文書は、国民が行政の正当性を検証するために使うものだ。しかし、霞が関の役人たちからすれば、本当にそういう用途で使われてしまうと何かと都合が悪い。そんな彼らは、公文書に関して4つの基本的な哲学を持っている。

まずひとつ目は、「公文書は国民の財産ではない」ということ。これは先ほども述べたとおりだ。

ふたつ目は「文書は責任追及の根拠となる危険物である」こと。本来は民主主義の基本を支える証拠であるはずの公文書だが、官僚からすれば責任追及の根拠となる危険物だ。2013年に成立した特定秘密保護法に関する議論の際にもよく言われていたが、公文書とは官僚側としてはなるべく明るみに出したくない材料なのだ。

それなら最初から文書として残さなければいいではないかと思う人もいるだろう。しかし彼らの思考は少し違う。3つ目の哲学は、役人にとって、「文書は自分たちの仕事のために使う官僚の財産だ」ということである。

最後に4つ目の哲学は、「仕事に必要な文書は永久保存しなければならない」というものだ。どこの民間企業でも、何か物事を決める際には議事録を残しておくのが常だろう。何かと前例主義な役所の場合はなおさらだ。官僚にとって、前例という記録がひとつの重要な財産になるのである。

文書にこだわる官僚の性《さが》

４つの基本哲学のうち、ひとつ目とふたつ目は、文書は残す必要がなく、むしろ残してはいけないものだということを示している。一方、３つ目と４つ目は、文書は残して使うものだということを意味している。矛盾した哲学が併存するのはどうしてだろうか。

これをもう少しわかりやすく解説するために、第２章で解説した「官僚論」に立ち戻って考えてみよう。ここでは、３つの側面に注目したい。

第１に、官僚の生い立ちとの関連だ。

エリート官僚たちは一般的に優秀とされる人材ぞろいだが、これをより正確に言い換えれば、官僚とは、「受験競争において優秀だった人たち」だという解説を思い出してほしい。そして、その優秀さを支えるのが過去問であった。過去問を制する者が受験を制すという成功体験が彼らにはある。逆に言えば、過去問とその模範答案がなければ彼らの才能は発揮できない。

そんな学業優秀者は、往々にして創造力に欠けるものだ。多くの官僚は前例を調べて答えを書くのは大得意だが、過去の例を調べずに白紙に絵を描けと言われるとお手上げ状態になる。あらゆる課題に対して、前例や資料を集めた上で答えをはじき出そうとするのが彼らのスタイルだからだ。上司もテスト秀才だから、部下のプレゼンを聞く際の決めゼリフは「前例はどうなっているんだ」のひと言である。これに対して、部下は周到に準備した前例を説明すれば上司の了解を得られるというのが役人の世界である。

第2の側面は、他省庁との権限争いだ。官僚は自分たちの縄張りに異常なまでに執着する。なぜなら、縄張りが大きければ大きいほど天下り利権の可能性も広がるからだ。そのため、どんな役所も社会・経済の変化に伴って新たな産業が生まれる際には、それを縄張り拡大のチャンスととらえるのが常だ。

そして、新たな分野をどの役所が所管するのかについて激しいつばぜり合いが生じたときに、過去の争いの経緯や両省庁が認めた考え方などを記録した文書を参考にして、新たな縄張りの境界線を自分の役所に有利な形で確定するための根拠ないしは補強材料とするのである。

そして第3の側面は、責任回避策だ。自分たちが責任追及を受ける事態が生じたときに、残してある文書のうち都合のよい資料だけを開示して、言い訳に使うことができる。

こうした3つの理由から、必要な資料、あるいは必要とは言えなくても、「将来使わないとは言い切れない」資料は、念のためすべて保存しておくのが役人の特性。そしていざそれが必要になれば、倉庫を隅々まで捜索して引っ張り出す。官僚にとって、ホコリまみれになりながら古い文書を探すのも立派な仕事のひとつなのだ。

前例にすがる官僚たち

それでも近年は、大半の文書がデジタル化されているので、そうした過去の文書の管理は格段に楽になっている。おまけにエクセルファイルであれば、データの並べ替えも自由自在。これを昔はB4サイズのわら半紙に手書きで行なっていたわけだから大変だった。

例えば、過去の事例をまとめて一覧表にする場合、ひとつひとつの案件について、さまざまな項目ごとに内容を整理して記入していくのだが、こうした表をB4に収めるのは重労働で、中身が濃いほど文字が小さくなる。しかも今のように適宜コピー&ペーストできる時代ではないから、小さな文字を書いたり消したりしながら、どうにかまとめ上げる。これは非常に地道な作業だが、それくらい過去の事例が大切ということでもある。

上司に説明するとき、前例主義の役所で必ず聞かれるのは「あのときはどうだった?」とか「ほかにこういう例はないのか」「どうして今回、こういう結論を出したのか」ということ。そこで根拠を持って「あのときこうでした」と言えなければならない。

こうした面倒な手間が必要なのは、責任逃れのための備えでもある。先達がこうした事例があるというデータは、彼らにとって非常に強い論理だ。

ただ、こんなことに手間暇をかけられるのも彼らに著しくコスト意識が欠如しているからだろう。少なくとも、民間企業ではあるかどうかもわからない資料をわざわざ倉庫まで行って時間をかけて探すようなことはしないはずだ。30年前の事例を参照することに、いったいなんの意味があるのか。当時と現在では、社会環境をはじめ何もかも事情が異なるのは言うまでもない。それでも、多くの官僚は自分で考え、論理を組み立てていく能力を持ち合わせていないから、労力をかけてでも昔のデータを引っ張り出すことに執着する。

11年に起きた福島第一原発事故の際も、象徴的なことが起きた。東京電力を破綻処理すべきか否かという議論をしているさなか、官僚たちは躍起になって過去の文書を探していた。過去にどのようなトラブルが起こり、その際に潰れかかった会社をどう処理したのか、昔の案件に倣《なら》おうとしたのだ。

古くは水俣病のチッソ社、最近ではＪＡＬの破綻処理までの事例を並べ、それらの要因を書き連ねて巨大な表を作る。

もちろん、福島原発の事故を起こした東京電力とＪＡＬを比べることの意味はほとんどない。苦労して過去の事例の一覧表を作っても、ある瞬間に次官が「東電は潰さない」とひとこと言えば途端にそれが結論となり、倉庫参りはただの無駄骨になってしまう。だが、そうとわかっていても、彼らはやるのである。

そんな哲学を持つ役所だから、何かのトラブルに際して官僚が「文書がありません」「記録がありません」と言ったとしても、それは絶対に嘘だと私は断言できる。彼らは間違いなく過去の文書を保存している。仮に、「それを探し出してきたら50億円払う」と懸賞金をつければ、あっという間に該当文書を持ってくるだろう。50億円あれば天下りをふいにする価値は十分にあるからだ。

官僚の公文書公開に関する6原則

官僚は、彼らの特異な基本哲学を前提に、さらに公文書についての行動を律する6つの原則を持っていると私は考えている。順に紹介しよう。

原則1　文書は原則として公開しない

前項でも述べたとおりだが、これを示す象徴的な例がある。私が経産省で仕事をしていた頃、パソコンでワードを立ち上げると、白紙の文書の上の欄外に「機密性」という表示がデフォルトで打ち込まれた形で表示されていた。実際に文書を作る際には、その機密度の高さに応じて「機密性1」とか「機密性3」などと数字を記入するのである。

つまり、この文書は秘密保護の対象となることを示すものだが、まだ何も書かれていない白紙の状態ですでにこの表示があるということは、すべての文書は原則「開示しない」前提で作成しなさいという役所側の意思表示だということになる。こうして、すべての文書は公文書公開の大原則とはまったく逆に、そもそも秘密文書として作成を始めることになるのだ。

もしこれを全面開示できる文書にしようと思えば、上の欄外の「機密性」という表記を削除することが必要で、作成者に「本当に全面公開していいのか?」と問いかける仕組みになっている。すなわち、「公開して問題が生じたら、君の責任だよ」という心理的歯止めをかけているのだ。

原則2　公開する場合でも、黒塗り部分を多くする

これも、もはやおなじみだろう。官僚にとって危険物である公文書は、公開するとしても、可能な限り公開部分を少なくする。

リスクを嫌う官僚の性癖とも相まって、「そこまでやるか」というくらい、黒塗り部分を増やすのだ。その結果、よく国会などでも野党議員たちに「ノリ弁」と揶揄されるような、真っ黒な「公開」文書が出来上がる。

原則3　審査請求で負けない限り、よけいな譲歩はしない

情報公開請求された文書については、不存在、不開示、一部不開示といった対応が考えられるが、この際、請求者から「審査請求」という形で不服申し立てが行なわれることがある。

その場合、各役所は総務省の情報公開・個人情報保護審査会に諮問しなければならないが、この審査会は第三者機関（といっても総務省が委員を選ぶから基本的にはお手盛り機関なのだが）なので、いいかげんな理由だと不開示が認められない可能性がある。その場合は、不開示は不当だという答申が出され、開示せざるをえない状況に追い込まれることになるのだ。

ただ仮に、都合の悪い文書について正当な不開示理由が見つからなくても、決して諦めることは許されない。なんらかの理由をでっち上げて最後まで戦うのが官僚たちの原則である。これは、とにかく開示の範囲を狭くしたいとの狙いもあるし、後述する原則6にある「時間稼ぎ」の意味も大きい。

原則4　絶対に公開できない情報は、個人的なメモ扱いとし、公文書としては存在しないことにする

例えば政治家からの圧力などについては、表沙汰になると大変なことになるから、そもそもそういう文書を公文書にすること自体が危険である。従って、そのような文書は秘密の公文書とするのではなく、「個人メモ」などの扱いにして保存する。

もちろん、役所として仕事に使うために保存しているのであれば、実質的には間違いなく公文書なのだが、表向きはあくまでも個人が自分のためだけに保存しておいたものということにする。そうすれば、開示請求を受けても「公文書は不存在」という答えで押し通せる。

万一、その存在がばれてしまっても、あくまで個人の備忘録であって、公文書ではないとい

う言い訳が使える。従って、そのメモは公開されない。この点については次項でもう少し具体的に解説しよう。

原則5　公開が避けられない公文書には、問題のない内容だけを記す

存在を隠し通すことのできない文書もある。例えば、森友学園が財務省と交わした国有地売買契約に関する近畿財務局作成の決裁文書がそれだ。土地売買契約は必ず決裁を経なければならないことは、財務省の外部の人間にもわかる。従って、これを存在しないと回答することは無理だ。また、正式に開催された審議会の議事録なども、存在しないと言えば何か後ろめたいことがあるに違いないということになるから、ないとは言うのは極めて難しい。

そこで官僚たちは、これらの文書は仕方なく作成して保存する。しかし、実際の検討経過や審議内容を正確に記すことはしない。当たり障りのない内容だけを記録し、問題となりそうな内容は削除するか、問題がないような書き方に〝修正〟して残すのが常である。つまり、審議会議事録などは常に改ざんされていると考えたほうがよいと言っても過言ではない。

その意味では、森友学園問題で近畿財務局が、安倍昭恵総理夫人や複数の政治家の関与を実名入りで決裁文書に記録したのは、普通の官僚の感覚から見れば「ありえないこと」である。大幹部に見つかっていたら大目玉確実である。もちろん、書いた本人はそれが官僚の原則から大きく逸脱した行為であることは承知のはずだ。あえて危ない文書を書いてそれを残したとしか

考えられない。つまり、現場でいかにこの取引に対する不満が大きかったのかを推測させる文書なのだ。

原則6　公開する場合もなるべく時間をかけて出す

公文書の開示を求める側には、何か明確な目的があるはずだ。その場合、その目的を達成するためのタイムリミットが存在することも多い。

例えば、ある新聞の記者が記事を書きたい、あるいはルポライターが本を出すときの資料にしたいといった場合には、ある期日までにその情報が出てこなければ、記事化自体を諦めたり、その情報抜きで記事や本を構成せざるをえなくなったりということもある。

官僚からすれば、都合の悪い文書は、仮に出すとしてもできるだけ時間をかけて開示するに越したことはないということになるのだ。

前述の決裁文書の改ざんを強制された赤木俊夫さんが自死したことで雅子夫人が国と佐川元理財局長に訴訟を起こしたが、それに関連して雅子さん側が財務省に情報公開請求を行なったところ、その開示には時間を要するとして、なんと財務相は1年もの猶予期間を設定したというニュースがあったが、財務省はまさにこの第6原則に忠実に行動しているというのが私の見方だ。目的はもちろん、訴訟の妨害である。

「個人メモ」ほど「便利」なものはない

前項の「原則4」に書いた「個人メモ」についてだが、最近の官僚の不祥事では内部文書があるという疑惑が先に報道され、それが本当かどうかという形で公文書の公開が問題になることも多い。政府側は、最初は、そのような公文書があることは「承知していない」と答えるのが通例だ。「調査したが見つからなかった」という答え方もよくあるパターンである。素直な人は「そうか、そんな文書はあるのかどうかさえわからないんだな」と思ってしまうが、政府側がそう答えたときは、実は政府は文書の存在自体を知っていると考えたほうがよい。そして、しつこく追及され、存在を否定することが難しくなると、決まって出てくるセリフがある。「もう一度よく調べたら、(予測できないようなところに)存在することはわかったが、これはあくまで個人的なメモにすぎないから開示するのは適当ではない」というものだ。加計学園のケースでは、「総理案件」というメモがあるという報道に対して、当初は菅義偉官房長官も「怪文書」だと言って存在を否定しようとしたが、存在そのものは否定し難くなると、今度は文科省が、「これは個人メモにすぎない」と言って、正式に公開することを拒否した。

わかったようで、よく考えるとまったくわからない理屈だが、こうした言い訳を許す根拠を与えているのが、情報公開法第2条第2項による「行政文書」の定義である。そもそも、この法律では「行政文書」は公開が原則だと書いてある（第5条）。ところが、この「行政文書」という言葉が曲者だ。この法律では、「行政文書」とは、①行政機関の職員が職務上作成または取得した文書や電子ファイルなどであって、②役人が組織的に利用するものとして、③役所として保有しているもの、と定義づけられている。一見すると、なるほどと思ってしまいそうだ。しかし、その内容を分解して、よくよく考えてみると、この定義の解釈によって非常に大きな抜け道が用意されていることがわかる。特に②と③が重要だ。

前述したとおり、役所では意味のある文書はすべて保存されているが、対外的にはなんとか理屈をつけてそれを出さずに済ませたいという官僚側のニーズがある。そういう役人たちは、実際には存在する文書でもその内容を知られると困る場合は、その文書をまず存在しないことにしたいと思うだろう。その場合に使われるのが、この文書は個人的なメモにすぎず、役所の書棚や共有フォルダではない個人フォルダの中に保存されていたので、情報公開法上の「行政文書」には当たらないという理屈だ。

これまでも情報公開制度に敏感な官僚は、いざというときのために役所の共有フォルダからは文書を削除し、自分の個人フォルダに保存するという対応をしていた。そうすれば、必要なときにはいつでも参照できるが、公開しろと言われたら行政文書ではないので「不存在」と言える。ただ、実際にはこうした問題に鈍感な官僚も多く、不都合な文書をいつまでも共有フォルダに放置しておくようなこともよく見られた。また、業務上複数の官僚が頻繁に使う文書は、どうしても共有フォルダに入れておいたほうが便利なので、内容が不都合なものでもついつい共有フォルダに保存し、後でそれを削除しようと思っているうちに問題が生じて削除できなくなるということも起きた。

加計学園問題で、本来は存在してはいけない「総理のご意向」と書かれた文書が文科省内で見つかってしまったのは、まさにこういう「手抜かり」が原因だと考えられる。

おそらく、文科省内では、今後はこういうことがないよう、「個人メモ」は「共有フォルダには入れないようにしてしっかり管理せよ」ということになっていると思われる。

もちろんこうした対応は、情報公開法上は許されないことだ。一度作成して、それを職務上複数の役人が利用するために共有フォルダにしまっておいたのなら、その時点でこれは「行政文書」扱いとなり、後で都合が悪いという理由で共有フォルダから削除しても、それによって行政文書でなくなるとはいえないからだ。

ただし問題は、共有フォルダから削除されてしまうと、外形上、ファイルは共有フォルダには存在せず、個人フォルダに入っていて、しかも過去にほかの役人がこれを利用したかどうかもわからないことだ。そうすると、過去の状況を特別に復元するようなことをしないと、行政文書として存在していたということは証明できないため、よほど執念深い情報公開請求者でない限り、諦めるしかなくなってしまう。この問題をクリアするなんらかの対応策が必要であるが、この点については後に述べることにしよう。

政権に不都合な文書を隠すためのガイドライン〝改正〟

モリカケ問題や南スーダンPKO日報問題など、安倍総理は不都合な文書の存在によって危うく政治家生命を落としかけた。そこから生まれた問題意識は、出ては困る文書が出てしまうという官僚の「手抜かり」を根絶しなければならないというものだった。そこで考え出されたのが、「行政文書管理ガイドライン」の「改正」（17年12月）というやり方だった。公文書管理のあり方を改善するという名目で実施された改正ではあったが、これは国民のためではなく、官僚と政治家のためのものだった。これによって、国民の知る権利は大幅に制限されてしまったということは、ほとんど報じられていない。

改正内容は非常に技術的なものなので、普通の人にはわかりにくい。思い切って簡略化して説明しよう。

例えば、モリカケ問題で頻繁に議論の対象となった外部の人との会議の「議事録」について、改正ガイドラインでは、その会議に参加した双方がその内容をしっかり確認した上で作成することにされた。しかも、会議に出席していなくても、文書管理者（通常は課長クラス。課長が信頼する課長補佐が文書管理補佐として指名される）が必ず確認する必要がある。表向きには、関係者が確認しないと間違った内容が記録されてしまう恐れがあるためと説明される。国民に間違った情報を出してはまずいだろうという「お役所の親切心」から出たものだというのだ。

しかし、これを読んだ官僚たちはどう理解するかというと、この手続きを入れることによって、実際にメモされたり録音された内容を保存するのではなく、後でお互いが都合の悪いところをすべて消した上で、保存しろよと言われたと理解する。しかも、ちゃんとやらないと課長（文書管理者）に怒られて評価が下がるぞという警告にもなっている。

要するに、このガイドラインでは、議事録を「行政文書」として正式に保存するときは、必ず管理職の文書管理者（さらにその上の者が指示した場合はその上級者も含めて）がその具体的内容を実質的に承認する権限を有することになる。前述のとおり、不都合な文書は正式な行政文書としてではなく、個人メモとして保存するのが原則だ。これを徹底するために、不注意で、あるいはなんらかの意図をもって部下が不都合な文書を行政文書として保存しようとした場合に、管理者がこれを個人メモにするように誘導したり、内容を穏当なものに修正するように指示したりするための手続きが新たに組み込まれたことになる。二重三重の真正情報隠蔽の手続きと言ってよい。

もちろん、こうした手続きを経て作られた文書には、外には言えないような意思決定の動機や経過については何も書かれないことになる。今後は、安倍昭恵氏が関与したなどという文書は、そもそも作成される余地もないし、ましてや間違って保存されるということも起きない。従って改ざんする必要も生じないということだ。これは、政権の側から見た今の公文書管理の問題点をほぼ完璧に解消する手立てになっている。

今後は、この新ガイドラインの下で作られた行政文書の開示を求めれば、おそらく従来よりもスムーズに開示されることになるだろう。その代わり、その文書に政府を追及する糸口になるような情報が書かれていることはない。

こうしたガイドラインを見た官僚は、何も言われなくても今解説した「意味合い」を正しく理解するはずだ。だから、これ以上よけいなことを言う必要はなかったのだが、経産省がまだ心配だとばかりに、やや勇み足的な内部向けの指導文書を出してしまった。

18年8月30日の朝日新聞の記事によれば、経産省が政府の公文書管理のガイドラインを周知するという名目で各局筆頭課長補佐の会議や筆頭課長の会議で配布した内部文書の中で、省内外での打ち合わせなどの記録について「『いつ、誰と、なんの打ち合わせ』をしたかがわかればよく、議事録のように（出席者の）個別の発言まで記録する必要はない」と記載していたというのだ。これについて朝日新聞は、「公文書管理法のガイドラインでは、政策立案や事業の方針に影響する打ち合わせなどの記録を文書に残し、他省庁や政治家など外部の人の発言は可能な限り相手の確認を取るなどして正確に記載するよう求める。発言そのものを記録しないとの説明はガイドラインの趣旨に反し、ルールを骨抜きにしかねない」と批判した。

しかし、先ほど解説したとおり、ガイドラインの表向きの解説は「正確な」議事録作成だが、その裏にある趣旨は「問題のない議事録」を「ちゃんと作成しろ」というものである。従って、経産省のような文書を配布しなくても、〝有能な〟官僚であれば問題のない議事録を作成するように心がけるだろう。ただ、経産省の大臣官房は、何もしないと〝出来の悪い〟官僚がガイドラインの字面を額面どおりに受け取って、本当のことが書いてある議事録を作ってしまったら大変だと考えた。つまり、念には念を入れようとして勇み足を踏んでしまったということだと思われる。

官邸の意向を忖度することにかけては全省庁一という評判の世耕弘成《ひろしげ》経産相（当時）の御意向を、これまた官邸官僚と二人三脚で総理の御意向を忖度しながら霞が関を牛耳っていたといわれる経産省の大臣官房官僚が忖度する。そんないびつな忖度の連鎖により生まれた失敗であった。

日本の行政においては、与党政治家と官僚とは利益共同体。持ちつ持たれつの関係だ。だから、情報公開が煩わしい制度であるという認識は両者に共通している。しかし、安倍政権は度重なるスキャンダルを官僚が勝手に起こしたものだとして責任逃れをしてきた。モリカケも厚労省の統計不正もしかりだ。

こうしたことに後ろめたさを感じる安倍政権としては、表向きは「情報公開に積極的な安倍政権」というイメージをつくりたかった。当時の経産省の勇み足は、そういうイメージにはマイナスになりそうなものだが、安倍政権を思っての行動だから、これに対して官邸からのお咎めなどは一切なかったと思われる。それは、各社の報道が「また、官僚がバカをやった」というトーンに収まっていたからだろう。これが、安倍政権の姿勢そのものが疑われるようなトーンになっていれば、なんらかの形で官邸、あるいは世耕経産相が経産官僚を厳しく叱責するということになったはずだ。

いずれにしても、今後は、不都合な真実が書かれた本物の議事録は、行政文書としては姿を消すことになるのだが、一方で、本当に大事な「真実が書かれた」文書は、「行政文書」としては存在せず「個人メモ」としてしっかり残される。そして、文書なしでは生きていけない官僚たちによって、必要に応じて省内で利用されるということになるのだ。そんなことは行なわれていないという建前で。

もちろん個人メモだとはいっても、物理的に本物の文書が存在する以上その文書が流出する可能性はゼロではない。

しかし、万一流出した場合でも「行政文書としての手続きを踏んで作成された形跡がなく、公文書管理官（文書関連の業務の担当課長）が確認したという記録もない」という理由で、「それはあったとしても個人文書にすぎず、役所としては存在すら確認できないし、内容も間違っている可能性が極めて高い」ということになる。

このガイドライン「改正」は、国民の知る権利を役所が組織ぐるみで大幅に狭める道を確保した世紀の「大改悪」だったといっていいだろう。

大臣日程は「超危険文書」だから即日廃棄したことにする

ちなみに、このガイドライン改訂に伴って、各省では危ない文書の公開を請求された場合を想定して、さまざまな対策が取られたようだ。これだけ公文書関連のスキャンダルが出て、安倍政権も問題根絶に躍起になっているのだから、各省次官はその意向を「忖度」して本気でこの問題に取り組んだはずだ。そして、その「努力」の一端が明らかになった。

NPO法人「情報公開クリアリングハウス」(三木由希子理事長)という組織をご存じだろうか。政府に情報公開法を使ってさまざまな情報の公開を請求し、これまでも数々の重要な情報取得の実績を上げてきた。また、情報公開請求の過程を通じて、日本の情報公開制度の問題点を明らかにするという仕事もやっている。地味ではあるが、非常に有益な活動をしている団体だ。

そのクリアリングハウスが、19年3月にそれから遡る約2年分の閣僚の日程表の公開を各府省に求めたら、なんと11の府省が「不存在」と回答(防衛省は回答を延期)してきた。そして、不存在の理由として挙げたのが、総務、外務、厚生労働、農林水産、国土交通、環境の各省では「廃棄(破棄)」だった。ほかの府省も「保有していない」「保有が確認できない」という回答だ。環境、総務、内閣の各府省は即日廃棄と回答し、ほかの省も即日ないしごく短期間で廃棄していると理解される回答内容だった。

大臣の日程は、後々大きな問題となることが多い。例えば、加計学園問題でも、文科相のところに加計学園関係者が陳情に来たことがわかっている。私も大臣秘書を務めていたことがあるのでよくわかるが、大臣室にはさまざまな人々が出入りする。もちろん、いまどき賄賂の受け渡しを大臣室で行なうというようなことはほとんどない(つまりまれにはあるということと思うが、表向きは別の名目で訪問し、実はかなり危ない話をして帰るということもある。そのときはまったく問題にはならないのだが、後でなんらかのスキャンダルが発覚し、ある特定の時期に大臣が誰と会っていたかが非常に重要なポイントとなる可能性がある。

今のガイドラインでは、日程表は即日廃棄しても必ずしも違反とは言い切れない。「特に重要なものとして保存期間が決められていないものについては、1年未満の保存期間とする」ことが認められ、ご丁寧にその例示として、「定型的・日常的な業務連絡、日程表等」と明示までしているからだ。しかし今述べたとおり、大臣の日程表は通常の事務作業のスケジュール表とは訳が違う。本来は永久保存でもいいくらいだ。それにもかかわらず、各省庁が大臣日程を「特に重要ではない」として、「即日」廃棄しているということは、「大臣日程は超危険物」だから一日でも保存するのは適当ではないということで各省の認識が一致しているということだろう。そんなに自分たちの大臣が信用できないということなのだろうか。

大臣の日程表が即日廃棄されているということが判明したのは、クリアリングハウスという組織の放ったクリーンヒットであるが、マスコミはそれを一回報じただけで、大きな扱いにはしなかった。本来は、大々的キャンペーンを張って、少なくとも大臣日程は長期保存させるというところまで持っていくのがマスコミの役割ではないのか。

大臣日程だけではない。今後の調査報道において重要な資料になる可能性がある役所の文書を、官僚たちが恣意的に「表向きには廃棄」する——そんなことが日々生じていると推測されるのだ。この問題を本気で報じないマスコミの姿を見ていると、私たち国民には知る権利など絵に描いた餅にすぎないのだとあらためて感じてしまうのである。

ちなみに、現行の制度のまま仮に大臣日程を公表することにしても、前述したとおり当たり障りのない内容だけが記載されたものが公開されるという問題点は解決しない。やはり、制度の抜本的見直しが必要である。

特定秘密保護法による公文書隠しは、気軽に戦争判断を下す道を開いた

公文書公開の問題を議論するとき、避けて通れないのが、13年12月に成立した「特定秘密保護法」だ。この法律は、日本の安全保障などに関する事柄のうち、特に重要で秘密扱いしなければならないものについて、普通の情報以上に厳格にその秘密保持を徹底するために作られた。この法律では、政府が絶対に出すべきではないと考えれば、それを「特定秘密」に自ら指定で

きる。その上で、「特定秘密」を扱う官僚や業者などを「適性評価」してスクリーニングし、「特定秘密」を漏らしたり、記者がこれをそそのかしたりすると厳罰に処することなどが決められている。

制定の過程では、国民の知る権利や報道の自由の侵害だという批判が強調された。この法律について解説すると、それだけで一冊の本になってしまう。ここでは、当時あまり注目されず、いまだに大きな議論になっていない問題点を指摘しておこうと思う。その問題をイメージしてもらうために、まず以下の会話を読んでいただきたい。

「総理。もし、その情報が間違っていたらどうするんですか」

「CIA（米中央情報局）の情報だ。大丈夫だろう」

「でも万一、間違いだと後でわかったら大変なことになりますよ。ガセ情報を信じて自衛隊を戦争に出したのかと言われて総理の政治家生命は終わりです」

「大丈夫だよ。これは特定秘密だからね。当分は開示されない」

「でも、国会の情報監視審査会で審査されたら、とても持たないですよ」

「大丈夫、国の安全保障に著しい支障を及ぼすと言えば、提示を拒否できるじゃないか」

「審査会が特定秘密の解除を勧告してくるかもしれません」

「それも大丈夫。そのときのために、法律では勧告には従わなくてもよいということになっているんだ。アメリカからは急いでくれと言われている。時間がない。そんなに心配することはないんだよ。もう少し、気持ちを楽に持って決めようじゃないか。そのための特定秘密保護法なんだから」

日本がCIAや米軍の情報を基にアメリカの要請に従い、集団的自衛権の行使に踏み切り、米軍と共に自衛隊を戦争に派遣する。その決定の際に開催されるであろう国家安全保障会議の4大臣会合における総理と官房長官、外相、防衛相らとの会話だ。対象となる戦争は、中東でのテロ撲滅戦争、イランの核開発を止めるための戦争、あるいは再び核とミサイルの開発を始めた北朝鮮をせん滅するための戦争、さらには最近特に深刻になってきた米中対立に端を発する東アジアでの米中軍事衝突（最悪のケースが台湾有事）などさまざまなケースが考えられる。話されている内容は非常に深刻だが、決定権者である総理はずいぶん気楽なものだなと感じるだろう。もちろん、こんな能天気な総理がいるはずはないが、極論すればこういう会話を可能にするのが特定秘密保護法だと示すためにあえてそのようにした。

後に責任追及されるリスクを考えれば、文字どおり「命（議席）がけ」で行なわれるはずの戦争突入の決断が、特定秘密保護法があることによって、そのリスクは大幅に低減するということになれば、その決断は命（議席）まで失うようなことはないという安心感を持って行なえることになる。これは、戦争のハードルを下げる上で非常に大きな意味を持つ。

実は、この会話が成立する上で重要なのは特定秘密保護法だけではない。これと最も関連が深いのが、日本版NSC（国家安全保障会議。国家安全保障会議設置法により設置）と集団的自衛権行使を可能にしたいわゆる「安保法制」である。前者は特定秘密保護法とほぼ同時期の13年12月に設置、後者は15年9月に成立している。この「3つがセット」になったときに実際に起こるであろう政策決定の現場での動きをリアルに〝想像〟したのが先の会話だ。

例えば、米大統領から総理にホットラインで、米軍と共に至急自衛隊を派遣してくれと言われたとき、日本版NSC法により、たったの4大臣（総理、官房長官、外相、防衛相）が集まって開戦を議論することができる（必要に応じて副総理などを追加できる）。ほかの閣僚が反対しても総理が説得をするときの「殺し文句」が、「情報が公開されることがないから、責任を追及されることはない」というものだ。

米国から提供される情報はガセネタも多いということは、歴史が証明している。しかし、米国からの情報は特定秘密に指定されるので、外部チェックだけではなく、政府内でも情報に接する者が限られ、十分な検証はまったく期待できない。

日本版NSCの「正式な」議事録は、前述したとおり当たり障りのないものになるし、特定秘密に指定すれば公表されない。反対した大臣がいたことや、なぜ反対されたのか、どのように総理が押し切ったのかもすべてわからない。

さらに、仮にある大臣がほかの大臣にみんなで抗議声明を出そうなどと提案すると、会議の内容を外部に話すことになるので、特定秘密保護法第25条の共謀・教唆・煽動《せんどう》罪になる可能性がある。

リアルタイムでの外部からのチェックができないことや、自分が生きている間は公開されないだろうと期待できる仕組みが、責任追及を受けるリスクをほぼ消し去るので、いいかげんな根拠で戦争に踏み切ることを大いに助長することになる。

このように、法律の現場における効果をリアルに想像すれば、特定秘密保護法、日本版NSC法、集団的自衛権が、「恐怖の3点セット」として、それぞれが単独で存在するよりもはるかに危険な効果を発揮することが誰にもわかるのである。

情報公開こそ国民の生命を守る王道

かつて安倍政権は、国益、とりわけ国民の生命・財産を守るためには、外交・安全保障などに関する機密を保護する必要があると強調した。もちろん、そのような要請があること自体否定はできないが、秘密を保護することがほかの制度とも相まって誤った政策判断を助長し、無用な戦争に国民を巻き込み、その生命・財産を危険に陥れるリスクを増大させる諸刃《もろは》の剣になることは、あまり意識されていない。

逆に言えば、政府が重大な決断をするとき、秘密を保持することよりも情報がリアルタイムで公開され、あるいは最低限、第三者のチェックを受けるということ、さらに、時間が経過した後の検証が長期間にわたって保証されることが、誤った判断を回避させるための安全装置になるということが見落とされている。情報公開は、単に国民の知る権利や報道の自由を守るために必要だというだけでなく、国民の生命・財産を守るために私たちに与えられた必要不可欠な制度なのである。

私は、この点についてさまざまな媒体で情報発信したが、残念ながらほとんど議論されなかった。

監視審査会は政府の特定秘密の運用にお墨付きを与えるだけの機関

これまで記述したことから理解できるとおり、法律はそれが運用される現場の状況をよく理解し、「想像力」を働かせて、その制定や改正を行なわなければならない。

先の閣僚の会話に出てくる「情報監視審査会」。聞きなれない言葉だと思う方も多いだろう。特定秘密保護法が制定される際には、大きな反対運動が展開され、国民の関心を集めた。しかし、同法で、特定秘密に関する政府の運用状況を国会が監視する常設機関として衆参両院に「情報監視審査会」が設置されることはあまり大きな論点にはならなかった。このため、同法が施行されてから4ヵ月もの間、この審査会が開かれていないという驚くべき事態が起きたが、それでもほとんど問題とはされなかった。

審査会は、国会側が必要だと判断した特定秘密を国会に出せと要求できる。また、政府の運用が恣意的・不適切だと判断すれば、指定解除などを政府に勧告することもできる、と言えば立派な機関のように聞こえるが、実際はまったく違う。

なぜなら、審査会の勧告に政府側が従う義務がないからだ。また、政府は国の安全保障に著しい支障を及ぼす情報の提示を拒否できる。つまり、政府のほうが国会よりも強い力を持っているのだ。

しかも、監視審査会の会長はもちろん衆参共に最大会派の自民党議員だ。衆参それぞれの委員8人のうち、与党が衆議院で6人、参議院で5人。もちろん、審査会の運営は与党ペースになる。これまで、審査会が政府に厳しい注文をつけたことはない。事実上、政府の運用にお墨付きを与えているだけである。

今も、国家安全保障会議などで国民が知らないうちに驚くような議論が進められ、しかもそれがリアルタイムで特定秘密に指定され続けているのかもしれない。例えば直近の話題では、ミサイル防衛（要するに敵基地攻撃能力）の話は、主に4大臣会合で検討されている。

国家安全保障会議メンバーの閣僚と特定秘密に関わることを許されたスーパーエリート官僚たちに与えられるのは、「後で責任を問われることはないという安心感」だ。こんな仕組みの中で、私たち国民の命運を左右する重大な決断をすることが許されるというのは、国民主権の空洞化だと言われても仕方がないだろう。

すべての文書、メールの〝とりあえず〟保存義務を

徹底した公文書管理で知られるアメリカ・ホワイトハウスでは、連邦政府下の独立機関であるアメリカ国立公文書記録管理局（NARA）が、政府機関のすべての行政文書を保存・管理していて、その範囲は「電話、会議など口頭で伝えられたすべての決定」まで含む。特に、行政機関の職員は公務で電子メールを使用する場合は、公用アカウントを使うことが義務づけられ、違反すると懲戒処分の対象となる。行政機関の高官に対しては、公用アカウントでやりとりしたすべての電子メールがNARA管理のサーバーに自動保存されるシステム（キャップストーン・アプローチ）も導入されている。

この仕組みは、日本の公文書管理と情報公開の制度改正を考える上で重要な示唆を与える。アメリカのシステムの背景にあるのは、「とにかくすべての情報を保存しよう」という考え方だ。入り口で、「保存すべきかどうか」ということを役人に取捨選択させている日本とは根本的に異なる。役人というのは、記録が「ないと言っても許される」と思えば、都合の悪いことは、簡単に「忘れました」「記憶にありません」と口にする生き物だ。悪人だからそう言うのではなく、自分の責任を認めるのはどんな人にとっても勇気のいることだからだ。役人に潔い人間像を求めても無理なことは第2章で散々解説したとおりだ。官僚を性善説でとらえること

はできないという前提に立てば、日本もすべての文書、メール、録音録画データなどの記録を「とりあえず、すべて」保存するというルールを作るべきだ。

こういうと、そんなことは物理的に不可能だという意見も出そうだが、昔のように紙で保存する必要はない。今は電子的な方法で保存することが可能だ。改ざんを防ぐためにブロックチェーン技術を活用することもできる。後は、必要な人員と予算をつけるかどうかの問題だ。F35を100機以上買うという「余裕」があるのだから、その程度の予算をつけることは十分に可能だ。

また、議事録を比較的小さな会議についても作成せよというのは、負担が大きすぎて現場が対応不能だという声も出るだろうが、これについても、議事録を作る時間がなければ、参加者のメモを画像データで保存すればよい。スマホで写真を撮って、それを共用フォルダに保存すればいいだけの話だ。

さらに、すべての会議の録音データをそのまま保存する。録音はスマホでも可能だ。そのデータを使って、自動で文字起こしをすれば、労力はそれほどかからない。AIの進歩で自動文字起こしのシステムは今や十分に実用化レベルに達している。

情報公開の大前提は、情報が保存されているということだ。しかし日本では、多くの場合、極めて重要な情報が、役人の恣意的な判断でそもそも記録されていなかったり、当初は記録されていたのに、一定期間後に廃棄されてしまい、後で検証しようとしてもそれが不可能だということが、当たり前のように起きている。これを防ぐには、すべての情報をそれが重要かどうかにかかわらず、とりあえず保存させることが必要になるのである。「公開の前に保存」。ある意味当然だが、これまでほとんどできていなかったことをやると保証する法律改正が必要だ。やるべきことは単純明快。後は、やる気の問題である。

審議会、研究会、有識者会議はネット生配信を

私が内閣の国家公務員制度改革推進本部の審議官をしていたときのことだ。第6章で述べたとおり、自分たちの既得権を守ろうとする事務局の官僚たちと戦う上で、世論の支持を得ることが不可欠だった。

しかし、世論のバックアップを得るためには、その前提として、国民が公務員制度の何が問題なのか、そして今どんな議論がされているのかを知ることが前提となる。そこで私は、すべての議論を国民にオープンにしたいと考えた。具体的には推進本部の有識者会議をネットで生配信しようとした。こうすれば、議論の過程が国民に周知されるだけでなく、生情報なのでニュースとして取り上げられやすくなる。

そんな私の提案に対し、事務局長ら幹部を含め守旧派官僚たちは大反対した。ギリギリ認められたのは、記者に会議を全面公開するということだった。

審議会や有識者会議と呼ばれる政府の会議では、第1回会議で、会議の運営や議事録の公開などについての規則が委員によって決定される。そこで、私は、故・堺屋太一氏ら一部の委員に事前にお願いして、第1回会議で議事をネット配信すべきだという意見を言ってもらった。一部の委員が公開したいと言えば、ほかの委員も反対はしにくい。反対の理由が「公開されると自由に意見が言えない」などというものだとすれば、逆に「正論を言うのに何が怖いのですか？」と反論されるからだ。政府側も委員が公開していいというのに公開に反対することはできない。結局、第2回からネット配信することが決まった。

ただし、第2回会議では、機器の準備がうまく整わなかったという理由でまたしても配信できず、ようやくネット配信が実現できたのは第3回からだった。それほど官僚から見ればネット配信はいやだということだ。

なぜそれほどまでに官僚たちがネット生配信を嫌うのか。

会議の場で、官僚の息がかかった委員が官僚擁護の意見を言うと、それに対して改革派の委員が反論する。テレビという媒体は、ご存じのとおり「バトル」が大好きという性癖がある。内容などなんでもよい。「喧嘩だ！　喧嘩だ！」という野次馬根性丸出しで、喜んでニュースにされる。もちろん、守旧派官僚たちが仕組んだ利権擁護の提案は徹底的に批判されるのは目に見えている。自分たちの利権保護のお墨付きを得るための有識者会議が、逆に利権はく奪の装置に転換されてしまうことになる。

従って、官僚から見るとネット配信などもってのほかということになる。

実際、私たちが実施した生配信は非常に効果があった。普通の審議会などでは、会議の内容は傍聴に来ないとわからない。忙しい記者にとっても、意味のある議論があるのかどうかわからないのに2時間以上も会議室に閉じ込められてじっと耳を傾けているのはコストパフォーマンスが悪い。だからといって、会議に出ずに、時には数ヵ月遅れになる議事録で面白いやりとりを見つけても、そのときまでにはすでに新たな進展があるかもしれないので、古い議事録だけでは記事にできない。テレビ局にとっては、面白いかどうかわからないのに、数少ないカメラを出して2時間拘束するのはハードルが高い。映像がなければ、テレビのニュースにはなりにくい。結局、他社が行かないなら自社もやめようということになり、次第に報道からそのテーマは消えてしまうのである。

そんななかで、私がやったネット配信は大きな効果を生み出した。「公務員改革」が有識者会議の開催のたびにテレビのニュースに取り上げられ、いかにも国政の重要マターであるかのように（実際そうなのだが）報じられた。その結果、当時の麻生太郎総理は、公務員改革にはまったく後ろ向きだったにもかかわらず、いやいやながらも国家公務員法改正案を取りまとめざるをえなかったのである。

こうした事例を見れば、情報公開をリアルタイムで行なうことが、いかに国民の声を行政に反映させることに貢献するかは明らかだ。ところが、ネット配信を行なうメディアは増えているにもかかわらず、それを取り入れる審議会や研究会はほとんど聞かない。それどころか、記者に対してさえ会議を公開していない会も増えている。記者クラブが、唯々諾々と政府の「閉鎖主義」に従っているのはどういうことなのだろうか。日頃から「報道の自由」について声高に叫んでいる記者たちには、もっと本気で会議の公開について、政府に要求してもらいたいものである。

制度的には、政府の審議会などは原則公開で生配信を認める義務を法律で定めることが必要だ。公開できない場合は、その理由を10日前までに公示させ、それに対して記者や国民が争える手続きを定めることも必要だろう。

もちろん、正当な理由なく会議を公開しないで開いたら、なんらかの正式なペナルティがかかるようにすることも大切だ。

記録は廃棄前に公開義務を

情報の保存を徹底させた上で、次の問題は、それを公開するか否かだと思う人が多いだろう。しかし、その前にもうひとつ重要な論点がある。それは、情報の廃棄の問題だ。

公文書については、その重要性によって保存期間が決まっているが、法律上は保存期間が過ぎれば、どんな情報でも廃棄可能である。都合の悪い情報で公表されたことがない情報も捨てられてしまうのだ。今も人知れず重要な問題を含む文書が、人の目に触れないまま日々廃棄されているかもしれない。これでは、公然と証拠隠滅を認めているようなものだ。

今後、あらゆる情報を保存するということにすると、なおさら多くの情報を廃棄したいと考える官僚が増えるはずだ。そこで情報を廃棄するときは、必ずその情報の内容を公開して、これを廃棄することを公示するべきである。保存してほしいという国民からの意見があれば、保存を続けることとするか、その情報を請求者に提供するというルールを作ったらどうか。

その時点では公開できない情報だというのであれば、このルールの例外とすることを認める代わりに、公開できるときまで廃棄を許さず保存を継続する義務をあらためてかければよいだろう。

情報公開の例外を限定する

情報公開法によれば、現在も、公文書は「原則公開」である。しかし、当然のことながら、これには「例外」がある。この例外は情報公開法第5条で定められているのだが、一見もっともらしく見える規定が、実際には官僚たちによって乱用されていることはあまり知られていない。

例えば、個人情報や企業秘密は公開しなくてよいことになっているが、実際には審議会の議事録の公開などでは、必ずしも企業秘密とまではいえないようなものでもこの条項を使って自分たちの都合の悪い情報を隠していることが多い。加計学園が国家戦略特区の会議に示した獣医学部新設計画の資料を企業秘密だからという理由で内閣府が開示を拒んだが、問題とされた時点では、すでに計画は実施段階に入っていて、実際には秘密といえるような内容ではなかった。

また、個人や企業からの情報で、あらかじめ、「外には出しませんから」と約束して得た情報も出さなくてよいことになっているが、実際には、ほとんどの場合、官僚が外部の人に話を聞くときは、相手に対して外には出さないというセリフを言ってから話をしている。そして、自分たちに都合の悪いことがヒアリングの記録に残っていても、「外に出さないと約束していたので」と言って公開を拒否するのだ。公開しないと約束して聞いた話だと言われると、情報公開請求者の多くは、「それでは仕方がないな」と諦めてしまう。

しかし、実際に困るのは当該個人や企業ではなく、役所の側だという場合も多い。例えば、加計学園問題で、文科省や内閣府が愛媛県と総理秘書官との会談で使用された資料について、愛媛県側に迷惑がかかるという理由で公開を拒否したが、愛媛県側にはまったく困る事情はなく、国に怒られることを恐れて公開を躊躇していただけだったというようなこともあった。

これらの情報については、当該の企業や個人が本当に秘匿を要請しているのかどうかを確認し、秘匿の理由が公正であることを立証する責任は役所の側にあることを明確にすべきであろう。

「率直な意見交換」という名の「とんでもない悪巧み」

話はもう少し続く。公開拒絶理由の中で官僚たちが最も多用する条項が何かご存じだろうか。役所の「内部又は相互間における審議、検討又は協議に関する情報であって、公にすることにより、率直な意見の交換もしくは意思決定の中立性が不当に損なわれるおそれ」がある場合というものである。

一見もっともらしく聞こえるが、これを官僚の立場で解説すると、国民から見るととんでもない議論を行なう場合、それが外に出ないのであれば安心して議論できるが、外に出ると後で国民の批判にさらされてしまうので、そういう相談ができなくなってしまう。だから、そうならないように情報公開をしなくて済むようにする、という話だ。

例えば、福島第一原発の汚染水処理について、経産省内部や電力業界との会議などで、事故直後から「これは海に流すしかありませんね」という議論をしていたとしても、それを外に知られては、「なんだ、最初から海に流すつもりでやっているのか！　とんでもない奴らだ！」と反対が盛り上がってしまって、海洋放出ができなくなる恐れがある。こういうときは、途中でどんな議論をしていたのかと聞かれても、役人が「公開すると、今後、自由な議論ができなくなり、行政運営に支障をきたす」といえば、事実上拒否できてしまう。裁判所まで争えば、役所の主張が覆される可能性はあるが、多くの情報公開請求者は裁判までして争うことはしないのが普通だ。

しかし、これを公開拒否の理由として認めてはならない。官僚なら、正論を堂々と主張する責任があるし、ある業界が世の中には知られたくないが役所になんとか実現してほしいという内々の要望を表明したら、むしろ、それを外に出していくことこそ役所の役割ではないのか。審議会などの議論であれば、毅然と意見を主張できる人を委員にすればいいのであって、批判が恐いから内緒にしますというのを許していたら、なんでもかんでも非公開がまかり通ってしまう。

また、役人の中には、「途中経過がわからなくても結論についてしっかり説明責任を果たすのだから問題ないだろう」という人もいる。しかし、誰が何を言ったのかがわからなければ、何か問題が発生したとき検証材料にならないのは言うまでもない。大切なのは結論ではなく、途中経過、という場合も多いのだ。

役人であれば批判をされるのは当然。批判を避けるために会議のプロセスを明かさないというのは本末転倒だ。仮に、よほどのことで生命の危険を感じるようなことがあるなら、そのときは警察に警備要請すればよい。

内部告発窓口を日弁連に委託せよ

ここまで、情報の保存や公開について、法改正すべき点をいくつか提案したが、官僚たちは、ルールが変われば、すぐにその抜け道を探し始める。もともと、情報は自分たちのもので、公開は危険だからなるべくやめようと考えている彼らに、正直にルールを守れと言っても所詮限界がある。例えば、会議に出席したメンバーが口裏を合わせてレコーダーのまわっていないところで密約を交わし、会議自体がなかったことにしようと約束してしまえば、すべての情報は闇の中ということになる。

しかし、ここで思い出してほしいのは、「官僚は決して極悪人ではない」ということだ。むしろ、ごく普通の「弱い人間」である。弱い人間は、「ばれるかもしれない」という恐怖感に弱い。そこで、その恐怖感に働きかける仕組みとして重要なのが、内部告発である。

官僚といってもさまざまな立場で仕事をしている。例えば、幹部クラスの官僚が明らかによからぬ判断をして、部下にそれを命じたとしよう。その責任を問われる立場にいるこの幹部官僚や、その幹部の推しで近々昇進を目指している直属の課長であれば、本来残すべき議事録を作らせなかったり、廃棄させたりすることにためらいを感じないかもしれない。公文書改ざんなどという危ない橋をあえて渡ろうとも考えたりする。一方、その場合でも係長や課長補佐レベルの官僚たちは、自分の将来をもうすぐ退官するかもしれない幹部に預けるなどという大ばくちをしてもよいものか迷うはずだ。

しかし、仮におかしな行動に加担したくないという官僚がいたとしても、今ある内部告発の制度で、役所の中で大臣官房などにある告発窓口（例えば、経済産業省なら大臣官房監察室）に相談するのは極めて危険だ。なぜなら、内部告発者は保護されることになってはいるが、それは建前であって、実際に守られる可能性は極めて低いと普通の官僚は考えているからだ。

また最近では、何かあると「第三者委員会」が設けられ、そこでは元検事、元裁判官などを含む弁護士が中心的働きをすることが多い。しかし、告発しようとする者から見れば、その委員を省庁側が雇うのであれば、信用することはできないと思うだろう。

では、内部告発の仕組みを告発者の立場に立って改善していくとした場合、どんな案が考えられるのか。例えば、内閣全体にひとつの独立した内部告発委員会のような組織を設ける案がある。いわゆる三条委員会として、省庁からは独立した組織にして、委員の任命は国会の同意が必要というような形にすればよいようにも思える。だが、私はそれでも安心できないと考える。なぜなら、委員会の事務局には各省からの出向者が当てられることになるのは目に見えているからだ。

ここでは発想の転換を図ったほうがよい。それは、内部告発を扱う組織は「中立的」なものでなければならないという固定観念の転換だ。告発者である官僚にも被告発者である省庁側にも偏らない組織にするべきだという一見当たり前のような考え方を変えたほうがよいという意味である。

現在の岩盤のような官僚組織を真にオープンな組織に変革していこうと考えた場合、安倍前総理ではないが、内部告発は非常に頼もしい「ドリル」になるかもしれない。そうであれば、そのドリルは、「中立的」なものであるよりも、告発者を擁護し省庁側の問題をあぶり出そうとする姿勢を持ってもらったほうがよいのではないだろうか。そう考えると、政府に属する組織とするのではなく、例えば、日本弁護士連合会（日弁連）のような外部組織にこの仕事を全面委託するというアイデアが出てくる。もちろん、事務局機能も委ねるのである。

官僚側からは「それをやるには大金がかかる」という反対意見が出るだろう。しかし、モリカケ問題で動いた金額を考えただけでも、その価値はあるし、お金に換算できないが、これは民主主義の維持運営コストだと考えれば、年間数百億円かけても決して無駄とはいえないのではないだろうか。

政府が絶対に導入したくない「インカメラ」とは

いわゆる「インカメラ」と呼ばれる仕組みの強化も重要なテーマだ。

省庁が秘密だといって公開を拒むと、最後は裁判で争われることになる。その場合、情報の内容がわからなければ、非開示とする判断が妥当か否かわからない。そこで、裁判官が公開法廷ではなく非公開の場でその情報を直接見て判断を下すという手続きが「インカメラ」である。

しかし今後は、特定秘密などのように、裁判所にさえ情報を開示することはできないと政府側が主張するケースが多発することが予想される。

内容が複雑なので詳しいことは省くが、現にこんな事例が報じられた。日米合同委員会関連の情報公開訴訟（途中で損害賠償請求訴訟に変更）で、米政府側が公開しないよう要請していることを理由にして、日本政府が公開を拒否している日米間のメールのやりとりについて、その非公開の理由が妥当かどうかを検証するために、東京地裁の裁判官がその内容を見るという判断を下した（19年3月）。ところが国は、このインカメラ手続きの実施を止めさせるために、突然、損害賠償訴訟で請求を認めて原告に100万円余りの賠償金を支払うことで訴訟を終結させてしまった。これにより、インカメラ手続きは実施されないことになった。

国がいかにインカメラ手続きをいやがっているかがよくわかる話だが、だからこそインカメラ手続きを裁判所が積極的に実施することは非常に重要だといえる。

ただ心配なのは、特定秘密などについて、「高度に政治的」なものだとして政府が反対すれば、裁判所はインカメラの手続きを避けるという事態が生じることだ。そうなれば、国民の知る権利は否定され、さらには憲法が保障する三権分立も形骸化することになる。民主主義を守るために、裁判所には与えられた役割をしっかりと果たしてもらいたい。

第8章

経産省解体論

ポストコロナに向けた緊急提言

ここまで、日本の官僚像、官僚システム、そしてさまざまなスキャンダルを含む問題点などについて考察した。その過程で、今の仕組みを変えなければならないという指摘もいくつか行なってきた。

本章では、すでに述べたことも含めて、日本の官僚システムをどうしたらよいのかについて考えたいのだが、実は現状では大きな制度改革を実施する余裕が日本政府にはない。

ただでさえ、この分野の改革には、官僚側から異常なまでの抵抗が起きるのが常だ。しかも、仮に実現できても時間がかかるし、それが実際に効果を上げるまでにはさらなる時間が必要だ。

一方、ポストコロナとそれに至る過程におけるウィズコロナの政策課題は山積で、しかも今すぐに手をつけるべきことばかりだ。

そこで、本章では、時間がかかり難しすぎる大改革は横に置き、政権がやる気になれば今すぐに実施できる「官僚や役所に関連する改革」に限定して、最小限の提案を行なってみたい。

コロナの専門家会議はガラス張りに

新型コロナウイルス対策では、第1章で紹介したとおり、政府の対応には非常に大きな問題があった。数え上げたらキリがないくらいだが、そこには大きく分けてふたつの問題がある。政策の内容自体の問題と政府への信頼失墜の問題である。

政策の内容については、担当する厚労省、内閣府、そしてそれぞれを支える専門家の能力の問題がある。官僚も感染症対策専門家も非常に閉鎖的な社会に生きている。そのため、彼らが取得する情報自体に偏りがあって新たな知見が入りにくく、入ってもその判断にバイアスがかかる。

専門家会議の専門家の中でも国立感染症研究所とのつながりが深い人の割合が多く、彼らの意見とは異なる意見が封殺されてしまうという問題が指摘されている。しかも、その議事録さえ作成されず、政府が責任逃れのために都合よく専門家を悪用していることも明らかだ。

そこで、ふたつの改革が必要となる。まず第一に、専門家会議に海外の専門家を含めた「外部の血」を入れることだ。コロナ対策では、台湾や韓国が日本よりもはるかに優秀な対応を行ない世界から称賛されている。そういう国で実績を上げている専門家にリモート会議で参加してもらえば、世界標準から取り残された日本の専門家たちによるバイアスのかかった判断から解放されることになるだろう。

しかし、そうした専門家を選ぶのを厚労省や官邸に任せることはできない。自分たちに都合の悪い意見を言いそうな委員を任命するはずはないからだ。

そこで、専門家会議を独立の機関とし、委員の任命には国会の同意を必要とすることが考えられる。

これと同時に、ふたつ目の改革も必要だ。会議自体を完全フルオープンでネット配信するのだ。国民の間に広がった不信感を取り除くのにはこれが最も効果的だし、どういう議論がされているのかをつぶさに見れば、国民は、正確に必要な情報を得ることができる。そうすれば、幅広い国民の理解と支持を得て、より効果的な政策の実施につながるはずだ。

議論を公開すると政府と専門家の意見の違いがあからさまになり、国民に混乱が広がるとかパニックになるなどというのは、国民をバカにした議論だ。

政府にとって何が困るかというと、専門家が厳しい措置を要求しているのに、業界団体からの献金などに影響されて、それを無視した政策を取っていることがバレてしまうということだ。会議は、すべてガラス張りにする。そうすれば、「Ｇｏ Ｔｏ トラベルキャンペーン」のように誰が見ても旅行業界のために議論をねじ曲げたと思われるような天下の愚策を回避することになるだろう。

情報公開は手続きや知る権利に関することだけではなく、まともな政策を作るために必須の政策なのだ。今後は審議会、研究会、専門家会議など名称を問わず、会議は原則ネット公開するという原則を立てることが必要だろう。この点は、第１章や第７章で述べたとおりだ。

「ＤＸ省」創設を急げ

ポストコロナの経済復興について、デジタル化と地球温暖化対策、そして分散革命がその切り札になることは、ほぼ世界中の政府の意見が一致するところだろう。すでにアメリカ、ＥＵや中国、韓国までが、その道を走り始めている。

このどれを取っても世界に大幅に後れを取ってしまったのが日本だ。

やるべきことはかなりはっきりしているのだが、それを既得権と癒着した省庁の縦割り体制が阻んでいる。

なかでも、経産省の存在はその大きな障害となっている。そういうと「『経産省内閣』と呼ばれるほど安倍長期政権の屋台骨を支えた経産省が？」と意外に思うかもしれない。しかし、経産官僚として30年以上過ごした私の考えでは、同省の存在意義は80年代でほぼ終わっている。

特に、産業政策の指令塔としての役割は完全に消滅し、日本株式会社のトップとして率いた最近の日の丸護送船団方式の政策はすべて失敗だった。半導体、液晶、スマホ、有機ＥＬ、太陽光・風力発電、電気自動車、５Ｇ通信。すべてが一時は世界トップを誇り、あるいはトップの座を狙う潜在力を有する業界であったのに、今や完全に世界市場で敗退してしまった。

そのうち、デジタル化関連では、経産省と並んでこの分野を担当し電波通信行政を担う総務省の責任も大きい。

そこで、経産省と総務省のデジタル関連部門をすべて両省から切り離し、デジタルトランスフォーメーション省（ＤＸ省）を創設することを提案したい。ただし、ダメな部門をふたつ合わせてもダメの2乗、さらにダメな役所になるだけだから意味はない。法律を改正して、ＤＸ

省の大臣、副大臣、大臣政務官、局長から課長クラスまで、外国人を登用可能とする。その上で、課長補佐以上のポストの９割程度を官僚ではなく民間人とし、ＤＸ関連の政策をすべて省庁横断的に所管し実施するのだ。大臣や幹部は海外から優秀な人材を高給で雇うことも実現したい。アメリカだけでなく、台湾、韓国、インドなどからリクルートすることもありだろう。産業再生機構が民間人主体で大成功した実績がある。２周遅れといわれる日本のデジタル化を一気に進めて、ポストコロナの経済復興の起爆剤にするべきだ。

この組織の創設は急がなければならない。来年の初めと言いたいところだが、法律改正が必要なこともあり、来年度当初、すなわち21年４月には発足させる。人材確保には少し時間がかかり、本格稼働は数ヵ月遅れる可能性もあるが、私が産業再生機構をほぼ民間主体で、法案策定を含めて半年強で立ち上げる作業に関わった経験から、これくらいのスピード設立は十分可能だと言える。

菅総理の「デジタル庁」構想は役人の作文

ところで、菅義偉新総理は「デジタル庁創設」を標榜している。「複数の役所に分かれる政策を強力に進める」ために「デジタル庁」を創設し、政府自らがデジタル化を強力に推し進めたいというのだ。この構想について、いくつかのメディアから取材を受けた。彼らは、私のＤ

X省創設の提言を『週刊プレイボーイ』の記事（2020年7月20日号）などで以前から注目していたらしく、「古賀さんと同じですね」とか「見事にパクられましたね」などと言ってきたのだが、実はこのデジタル庁についての私の最初の印象は、「まったく違うな」というものだった。

まず、そもそもデジタル庁というのがダメだ。行政のデジタル化を本気で断行するなら、「庁」でなく「省」にしないといけない。庁は府（内閣府）や省の外局にすぎないからだ。消費者庁、復興庁などが有名だが、担当大臣が置かれることはあっても、真の意味で独立した役所ではない。ほかの○○庁と呼ばれる役所の例から言っても、職員は各省からの出向者の寄せ集めになり、予算、権限もたかが知れていて、とても日本全体のデジタル化推進という大事業は遂行できないだろう。

おそらくデジタル庁の設置は役人の作文だ。「デジタル化推進のために強力な推進体制をつくれ。新組織の創設も含めろ」と指示された菅総理のブレーンの官僚たちは、まずこう考えたはずだ。

「これは大変だ。デジタル省なんかつくったら、省がひとつ増えてしまうから、ほかの省をひとつ潰せという議論になる可能性が高い。そうなると省庁大再編の話につながり、経産・総務両省だけでなく、官僚の利権全体が危機に瀕するかもしれない」

官僚たちの狙いは明らか。格下のデジタル庁で菅氏を納得させて大ごとになるのを防ごうということだ。

これでは、これまでのＩＴ推進体制にちょっと毛が生えた程度に過ぎない。これまでも内閣に「高度情報通信ネットワーク社会推進戦略本部（ＩＴ総合戦略本部）」が置かれ、担当大臣もいる。内閣官房に情報通信技術（ＩＴ）総合戦略室という事務局も置かれているのだ。

おそらくデジタル庁をつくっても、各省から官僚が出向して、自省の利権維持を図ろうとするだろう。民間人登用といっても、せいぜい全体の1割程度で、お飾りに終わる可能性が高い。その結果、デジタル庁は各省のＩＴ関連予算要求を取りまとめて形式的に財務省と交渉（実質は各省が交渉）し、その結果を「まとめて」発表することと、各省のデジタル化政策をホチキスして「デジタル化推進戦略」「デジタル化工程表」のようなものを発表するだけになる可能性も高い。がんばっても各省のシステム関連の調達を一元化して節約する程度。それ以上に各省の権限に立ち入るようなことをしても各省が自分の大臣を使って抵抗するはずだ。

菅総理が行政のデジタル化推進を本気で打ち出したいのなら、政策ブレーンの官僚らがデジタル庁設置のペーパーを示した時点で、官僚たちの意図を見抜き、「これではダメだ。直ちに『デジタル省』を設置し、各省の権限を根こそぎはがしてそこに集中しろ」と言うべきだった。それをせずにデジタル庁設置の公約をぶち上げたのは、菅総理がこの政策を小手先の人気取り政策と見なしているからではないか。

ちなみに、菅総理の自民党総裁選公式ホームページに掲げられた公約には、「デジタル化・

リモート化を力強く進める体制を構築」としか書かれていなかった。「デジタル庁」という言葉もなければ、具体的に何をしたいのかも書いていなかったのだ。このことも、「デジタル庁」構想が慌てて作り上げた「目玉政策」だったという疑念を深める。

とはいえ、ぶち上げてみたら予想以上に世論の受けがいい。こうなると、菅総理としてもある程度進めないと逆に批判されるので、もともとの想定以上にデジタル化が推進される可能性は出てきた。ただ、ハンコをなくすとか紙やＦＡＸをなくそうという話が大きな出来事として報じられるのを見ると、菅政権と忖度マスコミがグルになってお祭り騒ぎをしているようにしか見えない。

そもそも、この程度のことなら菅氏が8年前の官房長官就任直後に各省に号令をかけていれば、とっくの昔に実現していたはずだ。マスコミは、今までなぜやらなかったのかを菅総理に問いただしてみてはどうだろうか。

グリーンリカバリーのための資源エネルギー庁解体

経産省の罪は、デジタル化分野だけにとどまらない。世界をリードしていた日本の再生可能エネルギー分野の産業をほぼ壊滅させた責任も重大だ。

次ページの【図表4】に見るとおり、日本の電源構成に占める再生可能エネルギーの割合は

20%程度に過ぎない。デンマーク（79%）、カナダ（66%）、スウェーデン（59%）などの再エネ先進国や、ドイツ（42%）などのEU諸国に比べるとはるかに低く、さらには中国（27%）よりも低い。COP（国連気候変動枠組み条約締約国会議）では、開催されるごとに「化石賞」という不名誉な賞を受賞するのが恒例となっている。世界中が石炭火力発電所の廃止年限を具体的に表明しているのに、日本はいまだに石炭火力の使用をやめないと宣言している数少ない先進国のひとつだ。

もちろん、その政策に固執しているのは日本の電力業界や重電業界と癒着した経産省と自民党族議員たちだ。小泉進次郎環境相がどんなに頑張っても、その牙城は崩れなかった。

原子力発電所についても、東日本大震災後、多くの国民が脱原発を望んだのに、その希望

【図表4】各国の電源構成（2019年）

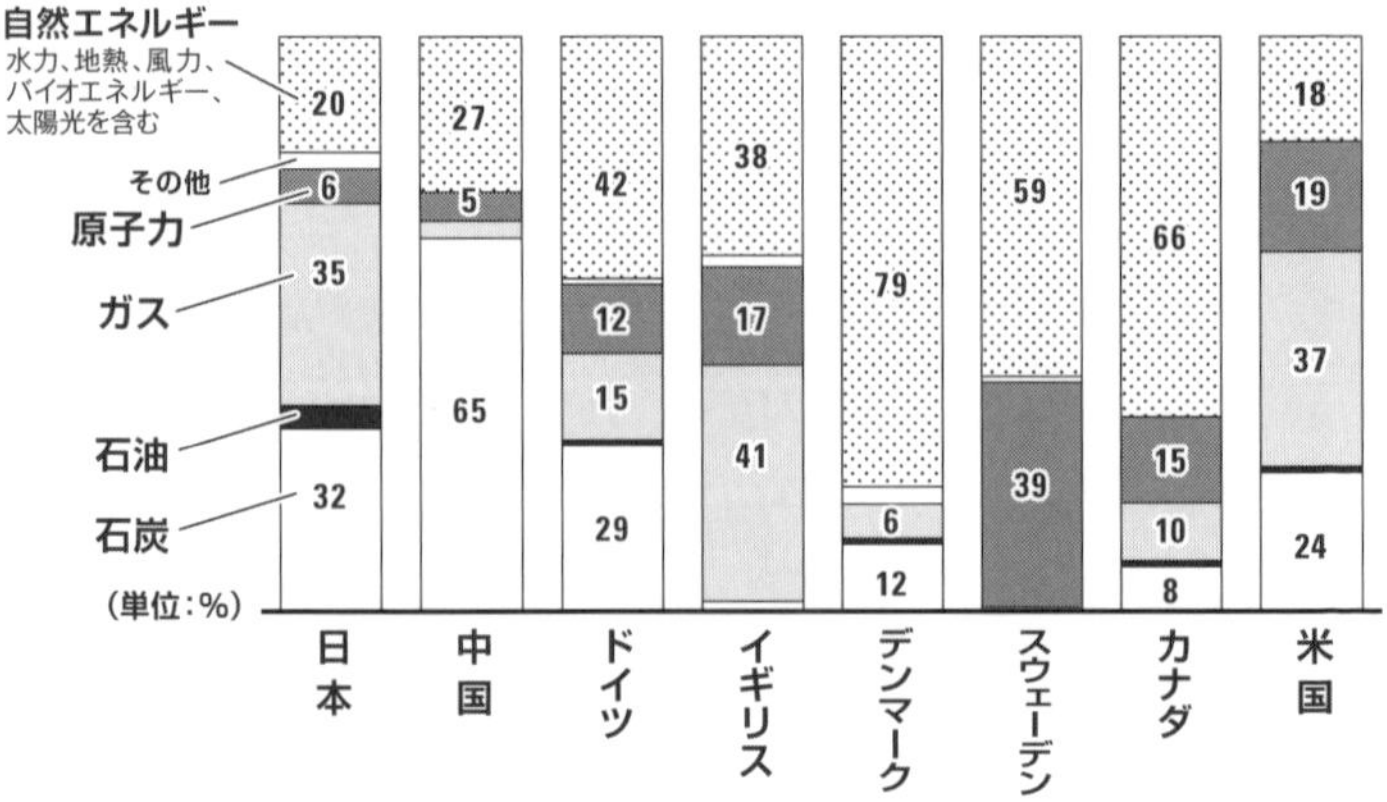

出典：公益財団法人「自然エネルギー財団」（https://www.renewable-ei.org/statistics/international）統計／国際エネルギー「国別の電力」をもとに編集部が作成

に反して、一貫して原発推進政策に固執。原発を優遇するために再生可能エネルギー電力用の送電線が不足する仕組みを長期間にわたり温存するなど、まるで「再エネ妨害省」に成り下がった感さえある。

コロナ対策でも、フランスのマクロン大統領は、5月26日にエコカー（EVやPHEV）に対する購入補助金を最大7000ユーロ（約88万円）まで引き上げるとともに、10万ヵ所の充電インフラ整備目標を2022年から21年に前倒しした。ガソリン車やディーゼル車は対象外だ。

また、ルノーグループやPSA（旧プジョー・シトロエン・グループ）、自動車部品メーカーなどを支援して、25年までにEVやHVの国内生産を年間100万台に増やす目標を掲げている。

ドイツはフランスに追随。自動車購入補助金の対象をEVに限定し、6000ユーロ（約75万円）に倍増した。自動車業界からはエンジン車（ガソリンおよびディーゼル車）も対象にするよう要望が出ていたが、今のところこれを拒否し続けている。

コロナ禍という厳しい経済環境のなかでもEV優遇の姿勢を貫徹した姿勢には、「グリーンリカバリー」（再生可能エネルギーの促進など、環境対策を通じてコロナ後の経済復興につなげようとする考え方）による大変革でこの難局を乗り越えるのだというメルケル首相の揺るぎない信念が見て取れる。

一方の日本は、エコカー減税（環境性能に優れた車に対する自動車重量税の減免措置）や自動車取得税に代わって導入された「環境性能割」でガソリン車もディーゼル車も対象にしているが、ポストコロナのためにこれをＥＶなどに限定するという議論は封印されるだろう。経産省が天下り先の自動車メーカーに配慮し、自民党族議員たちと結託して、平均より燃費の悪い車まで含めて幅広くこれまでの優遇措置を継続することになりそうだ。今年8月には自民党の甘利明税調会長は早くもその方針を表明した。その大義名分は「コロナ対策」である。

ポストコロナでグリーンリカバリーという世界の流れからまた取り残され、2周遅れから3周遅れに入ろうとしているのは、自動車産業を所管する経産省がエネルギー政策も所管しているからだ。

こうした「後ろ向きの姿勢」を変えるためには、経産省の資源エネルギー庁を解体し、エネルギー部門を環境省に統合するのが効果的だ。送電網の監督など電力・ガスの公正な競争環境の整備のための政策は、公正取引委員会に担当してもらう。資源部門は、後述するとおり大幅に縮小する産業政策部門に吸収させればよい。資源エネルギーの安全保障政策は、国家安全保障局に新設された経済班が担当すればいいだろう。原発推進は必要ないのでその関連部門は廃止する。既存原発の規制と廃炉は原子力規制委員会に任せるべきだ。

また、世界に大きく遅れて再スタートするにあたって、環境省の役人に任せるだけでは、まったく足りない。海外と民間の知恵を最大限活用することが必要だ。環境省に外国人を含めた民間人を大量投入することを併せて実施し、この分野の停滞を一気に打破することを目指すべきだ。

その上で、ポストコロナの経済復興の大黒柱として、環境・再エネ分野への思い切った投資と炭素税・排出権取引などを含めた大胆な改革で、環境再エネ部門の投資を拡大する。DXと同様、遅れているからこそ発展の余地は非常に大きい。

11年に日本を訪問したドイツのクリスティアン・ヴルフ大統領は、私も参加した日独賢人会議で、脱原発に舵を切ったドイツにも迷いがあったと打ち明けた。なぜその道を選んだのか。

彼は、こんな趣旨のことを言っていた。

先々まですべて見通して決めたのではない。疑問もあったし、不安もあった。反対する人の意見にもそれなりの理屈はあるように思えた。それでも、今までの考え方と違う道があって、それが正しいと思ったら、最後の答えが見えていなくてもそちらの道を選ぶ。もちろん、国民の強いサポートが前提だ。その結果、その道を切り開こうという強い意志と力が国全体に働き、思いもよらないイノベーションも起きて、結果的にそれが正しい選択になる——。

今、ポストコロナに向けて、ドイツは脱原発を維持しながら、国家の一大産業である石炭産業と産炭地住民の強力な反対を押し切って、38年までに現在、電源構成の約3割を占める石炭火力発電を廃止することを目指すと決めた。これもまた、すべての答えが見えているわけではないだろう。それでも正しいと信じる道を突き進む。すると、そこに知恵が生まれ、結果的に

「正しかった」ということになると考えたわけだ。

そこには、利害関係を超える「哲学」がある。その「哲学」を示すには、「形」も大事だ。とりわけ、安倍政権の政治的なスローガン、キャンペーンに国民が愛想を尽かした今日、政府の本気度を国民に示すには生半可なやり方では足りない。

DXとグリーンリカバリーをポストコロナ経済復興の2本柱にするという明確な指針を省庁再編と民間人の大量登用という「形」で明確に示し、経産省などの強力な反対を押し切って実施することは、ただのスローガンではないという国家の覚悟を示す上で非常に大きな効果を発揮し、国民の強い支持を集めるだろう。

経産省の産業部門＋農水省＝「産業省」

前述したとおり、経産省の産業政策はこのところ失敗ばかりだ。そもそも、数ある業界担当課がそれぞれ所管業界の御用聞きをして政策を作るという手法そのものが時代遅れなのに、それを今でも続けている。その結果、今ある産業・企業の支援策は考えついても、これから伸びてくるはずの産業を見いだすことが非常に遅れてしまい、時には既存企業を守るために新たな芽を摘んでしまっている。

そうなると存在意義がないどころか、害悪にさえなりかねない。そこで、産業振興部門

（「経済産業政策局」「製造産業局」「産業技術環境局」）を思い切り縮小したほうがよいということになる。さらに、経産省同様、日本の農業をほとんど壊滅状態にしてしまったのに、いまだに巨体を持て余してなんの役にも立たなくなった農水省も縮小した上で経産省と合体させる。農業を産業として振興する意味も込めて、新たな省の名前は「産業省」とすればよいだろう。

ちなみに、失敗だらけのクールジャパン機構などの官民ファンドは全廃したほうがよい。

「日本版USTR」創設

経産省には、外国との通商に関する交渉を担当する「通商政策局」があるが、外務省や農水省にも貿易交渉を行なう部署がある。また、経済財政担当相が通商交渉を行なうこともあり、そこには事務局もある。現実には、縄張り争いや足の引っ張り合いも多く、政府の交渉パワーが分散された形になっているので、経産省の解体再編と併せて、これらを統合して強化すべきだ。

参考にすべきモデルはアメリカの「ＵＳＴＲ（米国通商代表部）」である。これは大統領府内の機関で、通商交渉や外交に関する強い権限を持っている。これをまねて、通商交渉の専門機関「通商代表部」を内閣の常設部門として新設する。

また、外国との経済協力を推進する経産省の「貿易経済協力局」は外務省の経済協力部門に統合し、安全保障と密接な関連を持つ「輸出管理部門」は内閣府の国家安全保障局に新設された経済班に統合して整理すればよい。

分散革命を自治体主導で

グリーンリカバリーを進めるにあたって、経産省資源エネルギー庁が進めてきた地域独占の大手電力会社が保有する原発などの巨大発電所中心の中央集権的電力システムを改める必要があるが、そのためには、地方自治体が主役となった分散型のエネルギー革命が必要だ。欧州各国で成功している事例を見れば、ほとんどが国主導ではなく地域主導のプロジェクトだ。

また、コロナ対策で明らかになったとおり、中央政府が現場の実態を把握できないまま、全国一律の対策を講じると大きな問題が生じる。自治体が実情に応じて独自の対策を行なおうとしても、権限がなかったり、財源がなくて実施できなかったりといった問題も露呈した。

さらに、安倍政権の看板政策だった「地方創生」も、現実には中央政府のお仕着せのモデルを自治体が補助金をもらうために無理して実施することによって、ほとんど成果を出せないということが起きている。

そこで、これらの分野を皮切りに「3割自治」と呼ばれるような、多くの自治体が、自主財源が3割で残りを国の地方交付税などに頼っているという状況を改め、権限と財源を徹底的に地方に移譲する。人材も思い切って地方に移すことが必要だ。そのためには総務省の大改革も必要だが、それは時間がかかるので、とりあえず、エネルギーとコロナ対策の分野を第1弾として実施すればよいだろう。

内閣人事局があってもバランスが取れる官僚システムをDX省で

第4章で述べたとおり、内閣人事局ができたことで、官僚が安倍政権に支配されるようになったというのは間違いだ。安倍政権が内閣法制局長官の首をすげ替えたのは13年。集団的自衛権を合憲だという政府解釈を認めさせるためだ。しかしそのとき、内閣人事局は存在しなかった。つまり、やろうと思えば、内閣はどんな人事でもできる。なぜなら、官僚の人事権はもともと大臣が握っているからだ。大臣は首相により指名され、歯向かえばいつでも首相はクビを切れる。だから首相の言いなりになるしかない。

つまり、官僚が不正なことをやるように官邸から命じられたり、あるいはそうしないと冷遇されるからと心配して悪事に手を染めたりするのは、内閣人事局があってもなくても同じだ。

第2章で述べたとおり、官僚は悪人ではないが聖人君子でもない。出世のためと思えば、ついつい国民の利益に反することでもやってしまう弱い人間だ。

しかし、官僚がとりわけ弱い立場に置かれるのは、終身雇用で、しかも天下りを含めて70歳くらいまで「役所に生活を保障されている」という仕組みがあるからだ。多くの官僚は、自分が民間に出たら役にも立たない人間になることを自覚している。もちろん、人手不足の中小企業などで仕事を探すことは不可能ではないが、大幅な収入ダウンを覚悟しなければならない。それでは今の生活を維持できないから、とにかく一生役所の世話になるしかないと考える。だから、佐川氏が公文書改ざんを部下に命じたような言語道断の不正が発生するのだ。

つまり、「民間で働けば給料の大幅ダウンが避けられない」という点が、官僚の不正の温床になっていると考えられる。では、それを変えるにはどうしたらよいのか。

ひとつのヒントがある。第6章で紹介した産業再生機構だ。社長、幹部クラスの大半を民間人としたこの組織では、民間で働いたほうが機構で働くより給料が高いという人材が集まった。その結果、経産省や財務省が「天下りを受け入れろ」などと言ってきても、幹部が共同で、「それなら全員辞職します」と言うことで、こうした理不尽な要求を拒絶できた。

そこで、私が国家公務員制度改革推進本部事務局の審議官として考えた改革は、すべての役所で、課長以上の幹部ポストを民間に開放して、官民の候補者の中から登用するというシステムだ。もちろん、財務省はじめ霞が関の猛反発があり、最終的には、国がつくって公表する「採用昇任等基本方針」の中に管理職以上のポストのうち公募制をとるポストの数の目標値を書き込むという法改正案を作った。

もしこれにより、いわゆる「リボルビング（回転）ドア」で官民の人材が交流する仕組みになれば、おかしなことをやろうとする政治家や幹部がいても、それなら辞めますということになるし、仮にプロパーの官僚が忖度で不正に手を染めようとしたら、辞職覚悟で内部告発する民間出身者が続発するだろう。そうなれば、内閣人事局があろうがなかろうが、行き過ぎた忖度が生じる余地はかなり限定される。

国家公務員改革法案は民主党政権では結局お蔵入りし、安倍政権で復活して成立した。同政権は、内閣人事局は実現させたものの、残念ながら肝心の公務員改革の肝である民間人材の登用を強力に推進するための「公募ポストの数値目標」という「武器」の部分は、完全に欠落したものとなった。官僚が反対し、安倍政権が官僚へのアメとして、その言い分を認めたからだ。

実はDX省の創設には、この改革の先兵役を担わせるという狙いもある。DX政策の推進に当たっては、数々の利権との戦いが必要になる。そこでは、大臣だけでなく自民党の族議員などの圧力と対抗できる官僚が必要だ。それを担うのは、クビになってもかえって民間でより高い給料をもらえるという実力のある民間出身の官僚。彼らは、変に政治家に媚びておかしな政策を作れば、逆に民間市場での評判を落とし、自らの市場価値を落とすことになるから、より独立して政策立案を行なうことができる。

もちろん、彼らが、よからぬ民間勢力と組んで大臣の正当な指示に従わないという場合は、大臣がその幹部をクビにできるという道も確保する必要がある。政治家と官僚の間に適度な緊張関係をつくるには、官僚側の能力アップが必要で、そのためには、民間人の大量登用と官民リボルビングドアが必須だ。その突破口をDX省に開いてもらいたい。

不正の告発に命をかけなくてもよい仕組みを

「はじめに」で書いたとおり、近畿財務局の赤木俊夫さんが公文書改ざんを強制された。このとき、赤木さんは、部下と一緒に「涙を流して抵抗し」、上司も一時はそれに同意したという（前出『私は真実が知りたい』）。赤木さんが最後に命をかけて手記を遺して、財務省の不祥事を告発するところまで追い込まれたのは、単に自責の念にとらわれたなどということではない。大阪地検の取り調べが始まり、自分ひとりが罪を着せられるということを敏感に感じ取った赤木さんは、検察までが信じられないという状況で、なんとか真実を世の中に伝えようという意図で、手記を遺して命を絶ったのだ。

この話からわかるのは、現場の公務員がまず頼るのは上司だが、その上司は忖度官僚ばかりなので解決にはならないということ。もし、いつでも辞められる幹部が周りにたくさんいれば、赤木さんの話を聞いて誰かが声を上げてくれていただろう。そうした環境をつくるのが、官民リボルビングドアである。

ただし、現状はそうなっていない。検察まで信じられないということは、もちろん、各省庁が設けている内輪の内部告発窓口などなんの意味もない。

そこで、第7章で書いたとおり、内部告発の仕組みを日弁連に委託するということが必要となるのだ。ドラスティックすぎるという批判があるかもしれないが、検察までが信用できなければ、そうするしかないのではないか。それ以外の解決策があれば教えてほしい。

弱い官僚は監視が恐い

いつでも辞められる幹部官僚が増えれば、不正や忖度の強力な抑止力になることは繰り返し述べたとおりだが、もうひとつ大事な抑止力がある。

第7章で述べた公文書の保存・管理と情報公開だ。官僚性弱説に立てば、官僚が「自分の言動が他人に見られている」という状況をつくることが、官僚による国民の利益に反する行動を抑止する上で極めて大きな意味を持つ。そのことは、第2章でも解説した。

そのためには、公文書管理法、情報公開法、特定秘密保護法の抜本改正が必要だ。また、公文書改ざんを防ぐためにブロックチェーンを活用することなど、システム上の改善も行なわなければならない。それには時間がかかるという人もいる。

ただ、やるべきことはかなりはっきりしているので、急げば21年の臨時国会に法案を出すことも可能だろう。

ただ、実は法改正などしなくてもできることはたくさんある。第7章の繰り返しになるが、あえて再度提言したい。

まず、すべての文書をとりあえず保存する義務をかける。電子ファイル化すれば容易だ。手書きメモは、スマホで写真を撮り保存させる。議事録などは、その場で取ったものをすべて保存する。後で口裏合わせをして都合のよい議事録を作ることを防止するためだ。さらに、会議はすべて録音することにすれば一番確実だ。その音声データを保存する。本章の冒頭で述べたとおり、コロナの会議に限らず、すべての会議をネット配信することも併せて実施すべきだ。

今や紙の文書よりも重要性を増しているメールも、役所のPCで送受信したメールは自動保存するようにすればよい。

その上で、文書の廃棄は原則禁止し、どうでもいい資料だと判断したら、各省庁のネット上に1年程度掲載して、誰からも保存要請がない場合にのみ廃棄を認める。

また、秘密文書を公開しないまま廃棄することは禁止する。現在は秘密のまま期限が来れば廃棄することが認められるため、闇から闇に葬られる文書が星の数ほどあるのだが、それを根本から改めるのだ。

このように書くと、「大改革」だと思う方もいるだろうが、実は、これらの措置を実施するのに法律改正はいらない。ではどうすればよいのか。

菅総理がそうしろと命令すればよいだけだ。形式上は関連法案の運用指針にそのように書いて閣議決定すればよい。公文書管理法は、管理すべき文書の範囲を限定したり、保存期間を限定したりする手段を与えている。情報公開法は、公開義務の範囲を限定しているが、任意に公開することを禁じているわけではない。従って、政府が法律上の義務を超えて、むしろ法律の趣旨をよりよく実現する方向で、文書の保存の範囲や期間を拡大し、情報公開の範囲を広げることにはなんの障害もないのだ。もちろん、そうしたことが安定的に保障されるようにするために法律改正をすることは必要だが、それまで何もしなくてよいということではないだろう。

あとは総理のやる気次第。コロナ関連の会議の公開から始めて、思い切った公文書管理と情報公開の改革を実施してはどうだろう。

おわりに

本書の校閲を行なっていた2020年9月。日本では、新型コロナウイルス感染症の第2波との戦いが継続していた。これが本当の第2波なのかどうかもよくわからないが、この秋から冬までには第2波ないし第3波に襲われる確率はかなり高いというのが専門家の見方だ。いずれにしても、コロナに対する恐怖感はこれから数年は続くだろう。

今年（20年）3月頃から、「コロナ」といえばすべてに優先し、ほかの問題は簡単に背景に追いやられてしまう傾向が顕著になった。そして、新型コロナ感染症そのものと共に、コロナによる経済的困難が常にニュースの中心を占めている。

しかし、コロナがなかったとしても、この国は危機的状況に陥っていたのではないだろうか。むしろその事実がコロナ禍によって覆い隠されているようにさえ思える。もしそうならば、コロナ禍が終息しても日本はよくはならない。

この国は数え切れないくらいの問題を抱えているが、それを解決する戦略の選択肢を提供し、政策の立案と実行を担う官僚がうまく機能しないどころか、さまざまな意味で足かせになっている現実がある。コロナ対応でも信じられないような無能ぶりをさらけ出し、おまけにスキャンダルまで飛び出した。「賢い政府」どころか、とんでもなく遅れた政府。国民の多くはそれを痛感した。

このように機能不全に陥った官僚組織を根本から変えなければ、この国は「未曽有の変化」のなかで、正しい自己変革を成し遂げることができない。本書の校了中に安倍晋三総理が辞任したことは、官僚組織の大きな変革への可能性を開いたと思われたが、菅義偉新総理が安倍政治を継承すると高らかに宣言した時点で、残念ながらその望みは急速にしぼんでしまった。このままでは、日本が「ジャパン・アズ・ナンバーワン」とたたえられた昭和のほんのひと時の栄光は、悲しい歴史の一コマでしかなかったということが確定してしまうであろう。

そのとき、国民は、「まさかこんなことになるとは!」と恨み言を言いながら、貧しさと不安が日々募る社会で、必死にもがき続けることになる。

つまり、官僚論を考えることは、「官僚の問題」、あるいは「政治家の問題」にとどまるものではない。国民ひとりひとりにとって、自分自身、そして自分が最も大切に思う人たちの暮らしと命に関わる問題なのだ。

本書を読んで、そのことに気づく人がひとりでも増えてくれたら。

そして、本書を通してこれまでの日本の政治行政で生じたさまざまな問題の原因があぶり出され、それを糧に、幅広い分野に及ぶシステム上の改善がなされることにつながれば。

そんな思いで、本書を締めくくることにしたい。

10年、20年後になって、日本の行政が最も不得手とした、「未曽有の変化」への対応で、官僚組織が予想外の大きな貢献ができたと振り返ることができたら、という淡い希望を胸に抱きつつ。

２０２０年９月

古賀茂明 KOGA SHIGEAKI

1955年生まれ、長崎県出身。東大法学部卒。
元経済産業省の官僚。産業再生機構執行役員、
内閣審議官など改革派官僚として活躍したが、
当時の民主党政権と対立し2011年に退官。
テレビ朝日『報道ステーション』コメンテーター、
大阪府市統合本部特別顧問など
政策アドバイザーとして活躍。
著書に『日本中枢の崩壊』(講談社)、
『官僚の責任』(PHP新書)、
『国家の暴走　安倍政権の世論操作術』(角川新書)、
『日本中枢の狂謀』(講談社)など。
『改革はするが戦争はしない』フォーラム4提唱者。
『DMMオンラインサロン』にて
「古賀茂明の時事・政策リテラシー向上ゼミ」を配信中

日本を壊した霞が関の弱い人たち

新・官僚の責任

古賀茂明
KOGA SHIGEAKI

2020年10月31日　第1刷発行

装丁　中山真志
発行者　安藤拓朗
発行所　株式会社 集英社
〒101-8050　東京都千代田区一ツ橋2-5-10
電話　編集部　03-3230-6371
販売部　03-3230-6393（書店専用）
読者係　03-3230-6080
印刷所　凸版印刷株式会社

ISBN 978-4-08-790020-0 C0095